煤炭码头生产运行
绿色智能化技术

黄小军 主　编
乔朝起　胡　艳　副主编

中国建筑工业出版社

图书在版编目（CIP）数据

煤炭码头生产运行绿色智能化技术 / 黄小军主编；乔朝起，胡艳副主编. —北京：中国建筑工业出版社，2022.9

ISBN 978-7-112-27794-0

Ⅰ.①煤… Ⅱ.①黄… ②乔… ③胡… Ⅲ.①煤码头－生产运行－智能化 Ⅳ.①U656.1

中国版本图书馆 CIP 数据核字（2022）第 157618 号

本书以我国能源结构、专业化煤炭港口分布及发展为背景，系统总结了煤炭码头装卸系统工艺和设备，结合国家发展趋势和企业二十余年的煤炭码头建设经验，对煤炭码头装卸系统工艺、煤炭码头绿色环保技术、煤炭码头全流程智能化生产作业系统、煤炭码头智能化运维技术等进行深入思考、研究和总结。本书供读者进行技术交流和共鉴，以推动煤炭码头技术和管理水平的提高和发展。

责任编辑：张 磊 曹丹丹
责任校对：张惠雯

煤炭码头生产运行绿色智能化技术

黄小军 主 编
乔朝起 胡 艳 副主编

*

中国建筑工业出版社出版、发行（北京海淀三里河路9号）
各地新华书店、建筑书店经销
北京科地亚盟排版公司制版
北京建筑工业印刷厂印刷

*

开本：787毫米×1092毫米 1/16 印张：13¼ 字数：265千字
2022年9月第一版 2022年9月第一次印刷
定价：**69.00元**
ISBN 978-7-112-27794-0
（39992）

版权所有 翻印必究
如有印装质量问题，可寄本社图书出版中心退换
（邮政编码 100037）

本书编委会

主　　任	黄小军
副 主 任	乔朝起　胡　艳
顾　　问	刘　林　李洪军　兰　力　霍吉栋　宋桂江
	陈祖武　秦保新　邢　军　龚小红　袁建明
	潘　伟　黄健仓　周合亭　沈　东　王志刚
	于宗松　常永生　尹锡泽　周汝林　卢喜山
	李金华　王世岗　汪大春　李长安
编　　委	刘洪宝　谷守奎　闫洪涛　唐　敏　朱　鑫
	张天晴　程海川　刘秀芳　胡彩花
参编人员	（按所编写内容在目录中首次出现顺序）
	陈思龙　刘海龙　范　鑫　底　彪　谷永伟
	杨世豪　张　琼　周俊安　王　鑫　翟　胜
	郭金良　杨永良　窦　勇　孔祥辉　章绍忠
	李云超　赵卫庆

序一

港口是国民经济发展的重要组成部分,中交第一航务工程局有限公司是新中国第一支筑港队伍,也是我国规模最大的航务工程施工企业,素有"筑港摇篮"之美誉。公司累计建成码头泊位1794个,其中万吨级及以上泊位985个,创造了诸多国内乃至亚洲和世界水工、桥梁建设史上的"第一""之最"。

中交一航局安装工程有限公司是中交第一航务工程局有限公司所属的全资子公司,多年来一直致力于港口机电工程建设,从单纯的设备安装到EPC项目总承包,发展到今天拥有14个码头的运行运维服务,在港口机电领域形成了"设计咨询—采购制造—安装调试—运行运维—综合服务"全产业链业务体系,培养了一批批优秀工程技术人员。

《煤炭码头生产运行绿色智能化技术》一书的编写,是中交一航局安装工程有限公司在新发展阶段新发展理念背景下工程研究和实践的系统总结,也是港口建设单位在智慧港口、绿色港口建设进程中的阶段性实践成果。

"博学之,审问之,慎思之,明辨之,笃行之",希望本书能引发广大港口工作者更多的思考和实践,使得港口建设取得更多更大的成效!

中交第一航务工程局有限公司　董事长

序二

煤炭港口作为煤炭能源最主要的输送中转枢纽，对国民经济发展起着极其重要的作用。创新、协调、绿色、开放、共享的新发展理念为我国煤炭港口的转型升级提出了新的要求，而煤炭港口长期以来存在的污染、安全等问题成为阻碍其发展的"瓶颈"。如何建设绿色、智慧煤炭港口是我国煤炭港口发展的重要课题。

中交一航局安装工程有限公司（以下简称一航安装）隶属中交第一航务工程局有限公司，以港口机电工程为主，近20年参与了国内多个大型煤炭码头的EPC总承包项目，主持了多项煤炭码头绿色智能新建和改造提升项目，获得了丰富的现场第一手技术资料。

一航安装技术人员结合理论研究、广泛调研和工程实践，首次对煤炭码头生产运行中应用的绿色智能技术成果进行了总结汇编，融入了一航安装技术人员独立研究形成的新技术、新产品、新工艺，编写了《煤炭码头生产运行绿色智能化技术》一书。

本书重点介绍了煤炭码头绿色环保技术、全流程智能化生产作业系统、智能化运维技术等，内容包括了目前国内煤炭码头绿色发展、智能化升级的主流技术，比较全面地展示出近年来我国煤炭港口在绿色智能港口发展道路上探索研究的成果，同时这些技术内容经过了工程实践证明，具备明确的可行性和可推广性。

本书的编写出版，旨在总结煤炭港口转型升级过程中应用的新技术，解决可持续发展理念下遇到的新问题。希望此书可以为煤炭港口工程相关技术人员提供参考借鉴，同时抛砖引玉，进一步激发业内工程技术人员的创新能力。

中交第一航务工程局有限公司　总工程师

潘伟

前言

《煤炭码头生产运行绿色智能化技术》以煤炭码头的发展和相关技术理论为基础，系统梳理和总结公司数十个大型煤炭码头 EPC 工程经验，以及近 7 年来煤炭码头在智能化、绿色环保、提能增效方面的研究成果和应用实践，将理论和实际紧密结合，形成一套有效贴合煤炭码头实际的绿色生态智能化煤炭港口成套技术。

《煤炭码头生产运行绿色智能化技术》参编人员均来自公司设计和生产一线，在紧张的日常工作的同时，投入了大量精力进行编写。另还聘请了专家给予把关，他们均认真审阅，提出了宝贵意见，本书凝聚着他们的智慧与汗水。

《煤炭码头生产运行绿色智能化技术》在编制过程中，反复研讨，力求精益求精，数易其稿，并根据专家反馈意见进行了修改完善。尽管如此，由于知识局限及时间仓促依然难免有不足与疏漏之处，诚请同行们在使用过程中对发现的问题不吝赐教。

"历尽天华成此景，人间万事出艰辛。"编撰这本书，既是总结过往也是为了更好地前进。希望此书能够对广大港口科技人员及建设者的工作有所帮助，为我国的港口绿色科技发展助力。

中交一航局安装工程有限公司　总经理

目录

序一

序二

前言

第一章　煤炭港口简介　　001
第一节　我国能源结构和国民经济发展　　001
第二节　我国煤炭港口分布及发展趋势　　002
第三节　绿色智能化煤炭码头解决方案　　004

第二章　煤炭码头装卸系统工艺介绍　　010
第一节　装卸系统工艺组成　　010
第二节　装卸车系统设备　　021
第三节　堆场设备　　030
第四节　码头设备　　038
第五节　带式输送机　　047
第六节　筛分系统　　066
第七节　采制样系统　　068
第八节　带式输送机 BIM 设计　　071

第三章　煤炭码头绿色环保技术　　081
第一节　概述　　081
第二节　翻车机绿色环保技术　　081
第三节　堆场单机绿色环保技术　　087
第四节　装船机绿色节能技术　　090
第五节　带式输送机绿色节能技术　　093
第六节　新型筒仓装卸工艺系统绿色节能技术　　104
第七节　煤炭码头绿色生态水循环系统　　106
第八节　煤炭码头供电系统绿色节能技术　　108

第四章　煤炭码头全流程智能化生产作业系统　　119

第一节　概述　　119
第二节　中央控制系统　　119
第三节　翻车机全自动系统　　137
第四节　无人化智能堆场系统　　140
第五节　远程卸船技术　　148
第六节　智能装船系统　　151
第七节　港区水循环体系智能调度系统　　162
第八节　5G 技术的应用　　164

第五章　煤炭码头智能化运维技术　　171

第一节　概述　　171
第二节　带式输送机智能化巡视系统　　171
第三节　港口设备健康监测及寿命预测技术　　181
第四节　管线空间管理系统　　187
第五节　数字化运维管理平台　　190
第六节　基于 BIM 的维修工法标准化　　193

参考文献　　199

第一章

煤炭港口简介

第一节 我国能源结构和国民经济发展

一、能源结构与国民经济发展

能源结构指能源总生产量或总消费量中各类一次能源、二次能源的构成及其比例关系，是能源系统工程研究的重要内容。一次能源是指自然界中以原有形式存在的、未经加工转换的能量资源，可分为化石能源和非化石能源两大类，化石能源具体包括煤炭、石油、天然气、油页岩等，非化石能源包括核能及风能、太阳能、水能、生物质能、地热能、海洋能等可再生能源。

从全球一次能源结构历史变化来看，能源结构呈现出多样化的趋势，非化石能源尤其是风电、光伏等可再生能源，份额逐渐上升。2020 年，全球一次能源中非化石能源占比 16.9%，但化石能源仍占比高达 83.1%，其中煤炭占比为 27.2%，在石油、天然气和煤炭三大化石能源中排名第二。

我国能源结构是"富煤缺油少气"，化石能源大幅偏重煤炭。根据国家能源局发布的数据，2020 年，我国化石能源占一次能源消费比重 85.2%，其中煤炭占比 57%。2015—2020 年中国石油与天然气消费量整体趋于上升，煤炭消费占比有所下降，但廉价而储量丰富的煤炭仍然是我国乃至全球最大的能源来源之一。如何提升煤炭工业效率，减少开采、运输、使用过程中造成的污染，在寻找到可替代能源之前，依然是全球面临的重要课题。

二、煤炭工业发展

煤炭作为世界上最丰富的化石能源，是国民经济发展的重要基础，随着世界经济腾飞对煤炭不断增长的需求，煤炭工业取得了迅猛的发展。

我国煤炭资源较丰富，煤炭在能源消费结构中所占比例相对较高。

从地域分布上看，我国煤炭产区主要集中在北方，其中又以西北部的晋陕蒙为主。

国内煤炭运输体系受我国煤炭产区格局及消费格局的影响，形成了"北煤南调""西煤东调"的物流格局，其中晋陕蒙煤炭外运，主要依赖铁路；东南沿海煤炭的调入，主要依赖沿海水路。而公路和内河水路则是煤炭铁路和沿海水路运输形式的有效补充，水路运输以沿海水路为主内河水路为辅，它们共同构成煤炭输运的水路格局。

在国际煤炭运输体系中，随着我国煤炭需求的持续增长，近年来我国已成为全球最大煤炭进口国，2021年我国煤炭进口3.23亿t，出口260万t。我国煤炭主要进口国包括印度尼西亚、俄罗斯、澳大利亚、蒙古国、菲律宾等国家，以海上运输为主，在过去十年的大部分时间里，我国都是全球最大的煤炭海运进口国。海运具有运量大、费用低等优点，一直是全球贸易最主要的运输方式。

第二节　我国煤炭港口分布及发展趋势

一、我国煤炭港口布局分布

港口是国民经济和社会发展的重要基础设施，有力支撑了我国经济、社会和贸易发展，对于综合运输网的完善、国家综合实力的提升等具有十分重要的作用。新中国成立以来，我国港口建设取得了令人瞩目的成绩，专业化的煤炭码头也形成了规模群。截至2019年底，全国港口生产用码头泊位22893个，万吨级及以上沿海港口泊位2076个，万吨级及以上内河港口泊位444个，其中万吨级及以上煤炭泊位256个。

全国沿海港口划分为环渤海、长江三角洲、东南沿海、珠江三角洲和西南沿海5个港口群体，形成煤炭、石油、铁矿石、集装箱、粮食、商品汽车、陆岛滚装和旅客运输等8个运输系统的布局。其中煤炭运输系统主要港口包括北方沿海秦皇岛港、唐山港（含曹妃甸港区）、天津港、黄骅港、青岛港、日照港、连云港港等7大装船港，以及华东、华南等沿海地区电力企业的专用卸船港等。全国形成以长江水系、珠江水系、京杭运河与淮河水系、黑龙江和松辽水系及其他水系构成的内河航道布局，包括集装箱、矿石、煤炭等泊位，内河航运与其他运输方式共同构筑了完善的综合运输体系。

在煤炭海运体系中，秦皇岛港、天津港、黄骅港、唐山港、日照港、青岛港、连云港港北方7大装船港与晋陕蒙煤炭生产基地距离较近，晋陕蒙煤炭主要通过天津港、秦皇岛港、黄骅港和唐山港下水转运，山东的煤炭主要通过日照港下水转运，而青岛港是晋中、山东中北部煤炭主要输出港。相对于北方比较集中的煤炭装船港，煤炭卸船码头则较为分散，其分布从北方丹东港到南方北海港，以适应电厂建设，大型接卸港主要包括上海港、宁波港和广州港,其接卸量占总接卸量的50%以上。煤炭的内河运输主要由长江和京杭运河承担,内河下水港有长江通道中的南京港、武汉港、芜湖港、枝城港及京杭运河上的徐州港,在长江干流各港口下水的煤炭主要流向华东和华中地区,在京杭运河下水的煤炭主要运往江浙一带,内河煤炭接卸港主要有江阴港、南通港、镇江港、杭州港和马鞍山港等。沿海和内河专业煤炭港口共同构成我国煤炭水路运输的重要中转枢纽。

二、国内外煤炭港口发展趋势

港口作为综合交通枢纽,是对外经济贸易发展的重要门户,是经济社会发展的战略资源和重要支撑。党中央高度重视港口发展,党的十九大以来,习近平总书记多次视察港口,提出"要志在万里,努力打造世界一流的智慧港口、绿色港口"等重要指示。打造世界一流港口,实现港口的高效、绿色可持续发展,成为我国当前煤炭港口建设的目标和方向。

早在20世纪80年代,港口行业就提出了资源节约和环境友好的发展理念,1993年提出的港口可持续发展理念,认为港口发展经济的同时还应该重视经济发展带来的环境压力、环境保护政策、可持续发展战略。2009年哥本哈根会议达成全球减排协议,更多的学者开始关注港口的绿色化、低碳化发展。

我国对生态环境重视程度日益提升,国务院相关部门和各省市陆续出台了一系列文件和标准,包括《关于建设世界一流港口的指导意见》《长江经济带船舶和港口污染突出问题整治方案》《关于全面加强生态环境保护坚决打好污染防治攻坚战的实施意见》等文件,以及《港口码头水上污染事故应急防备能力要求》JT/T 451、《绿色港口等级评价指南》JTS/T 105—4—2020等技术规范标准,逐渐构建出我国智慧绿色港口建设政策范畴和技术范畴的指导评价体系。

近年来,我国各大煤炭港口在建设绿色、环保、智能、高效的世界一流港口道路上不断探索和实践,已取得一定成果。国能黄骅港、国能天津港、国投曹妃甸港、河北秦皇岛港等代表性煤炭码头在装卸设备智能化升级、清洁生产、绿色节能、全流程智能化生产系统等方面改造提升的成功实施,标志着我国煤炭码头在智能化和绿色环保方面取得明显提升。其中国能黄骅港煤炭码头在生态绿色发展方面表现尤为突出,通过绿色节能技术、清洁生产成套技术和水环境生态治理体系,生态绿色港口建设初见成效,其港区于2019年被评为国家AAA级工业旅游景区,并被亚太港口服务组织授予"2021年亚太绿色港口"荣誉称号;而在智慧码头生产运行建设方面,国能黄骅港2016年完成智慧堆场建设,堆场实现无人化作业,2020年智能装船投入运行,煤炭装卸作业实现全流程智能化。2021年该煤炭码头装船2.15亿t，远超1.78亿t的年设计能力。煤炭码头生产作业智能化的实现，有效提高了码头生产效率，降低运营成本，同时减少了安全隐患。

第三节　绿色智能化煤炭码头解决方案

煤炭码头以装卸作业流程为单位组织生产，通过带式输送机系统，将大型装卸设备单机包含翻车机、堆料机、取料机、装船机、卸船机等连接起来，完成到港煤炭接卸、储存和转运。

以北方典型的煤炭装船港为例，煤炭进入港区后，在码头转运输送主要分为两个环节：通过翻堆线卸车输送至堆场（或筒仓）进行中转堆存、通过取装线取料装船经由水路外运。具体过程为：煤炭列车沿铁路进港，进入翻车机区域→翻车机翻卸列车，煤炭落入地面带式输送机→经带式输送机运输至堆场堆料机，存入堆场（或经由带式输送机运输至卸料装置，存入筒仓），完成翻堆作业流程；煤炭经由堆场取料机（或筒仓给料机）取料→经带式输送机输送至码头装船机→装船机装船，完成取装作业流程。

由上可见，煤炭码头是采用各种装卸工艺设备协同完成物料搬运装卸工作的，其运行特征使其在环保和智能化控制方面存在较高的技术和管理要求。由于煤炭的散物料属性，输送转接过程中的抛撒、扬尘、回程带料，和堆存、装卸作业中的扬尘等是煤炭码头无法回避的问题。煤炭码头生产作业系统以工艺流程为中心，一座专业化煤炭码头的设计工艺流程常常有几十个到上百个，流程中的所有设备应按一定的逻辑协同作业。每个作业流程涉及众多设备，其用电总负荷为4000kW左右，各种检测保护和执行元件几百个，同时流程中翻车机、装车机、装船机、卸船机、堆料机、取料机等各单机装卸设备自身机构复杂，都有独立的控制系统进行控制，所有设备必须状态完好、高度协同才能保证生产稳定可靠高效地运行。

从20世纪90年代开始，基于PLC技术的中央控制系统和单机控制系统，基本实现了煤炭码头的自动化作业，但在管控作业一体化、流程优化排布、节能控制上基本以人工介入为主，各单机按三班两运转或四班三运转配置司机手工操作，作业人员队伍庞大，劳动强度高，作业效率受人为因素影响也比较大，同时现场粉尘、噪声等不良的作业环境对作业人员的健康、安全构成一定的风险。因此，构建煤炭码头绿色节能体系，提升生产运行全流程智能化作业水平，提高劳动生产率，改善作业环境，是煤炭码头发展建设急需解决的问题。随着科技的发展和行业内各方共同努力，我国煤炭码头绿色智能化技术的研究和应用已初见成效。

一、构建煤炭码头绿色体系

构建煤炭码头生产运行绿色体系，从环境保护和能源节约出发，主要包括清洁生产、水环境治理体系和绿色节能技术应用三方面研究内容。

建设煤炭码头煤尘污染防治体系，需要结合各个港口的实际情况进行分析研究。对于新建煤炭码头，应结合投资、货源、港口中转能力等多重因素作好整体工艺分析，从源头上作好环保方案选择。煤炭码头储存工艺对周边环境影响最大，现有的传统露天堆场+防风网、封闭式储煤筒仓群、条形大棚堆场、圆形仓等形式中，封闭式储煤筒仓群投资较大，但在环保节能、提升装船效率、节约占地面积方面最具优势，此外近年来实践验证有效的煤炭码头各种绿色环保技术也应推广应用，从源头作好设计规定。对于大部分已运营的煤炭码头，则需要在现有的装卸工艺基础上，进行全面系统的分析，从技术和管理两个角度出发，找出解决问题的方法和途径，实现煤炭装卸生产运行的绿色节能。

（一）全装卸流程煤粉尘污染防治体系

全装卸流程煤粉尘污染防治体系从三个层面进行构建，首先是从源头上减少粉尘产生的诱因，达到本质抑尘的目的；其次对粉尘产生关键环节和部位，采用精准抑尘技术，进一步降低粉尘的产生和外逸；最后是制定局部撒漏煤重点点位的针对性解决方案，系统全面地实现煤炭码头的清洁生产。

1. 本质抑尘技术

研究和生产实践证明，控制煤炭的含水率在一定的范围内，可以有效降低煤炭接卸转运过程中的扬尘。研究到港煤炭的含水率与粉尘产生的对应关系，通过精确控制含水率，达到煤炭本质抑尘的效果，从源头上最大限度地减少粉尘的产生。对于装卸流程起始点翻车机系统，设计煤炭含水率控制系统，使翻车机出口煤炭保持均匀恒定的含水率，减少后续转运过程粉尘产生的诱因；堆场设置煤炭移动智能含水率控制系统，防止堆存过程中煤炭含水率变化，引发后续装船作业流程产生粉尘。同时优化提升设备的环保性能，通过转运点溜槽曲线仿真设计、双密封导料槽技术采用等，降低煤炭输送转运环节粉尘产生和逃逸。

2. 精准抑尘技术

在煤炭输送转接部位依据工况和场景布置单双流体自动除尘系统，在集中产生粉尘的关键区域，配合设置点式干式除尘设备等措施方案，通过新技术、新设备实现精准抑尘。

3. 撒漏煤治理技术

开展带式输送机撒落料回收装置、智能皮带清洁及回收系统、多级清扫器配置、落料点复合支撑技术、装船机撒漏煤控制技术等系列方案研发和设计，解决重点部位局部煤尘撒漏问题。

通过以上综合防治措施，结合港区码头主要颗粒物排放指标监测系统数据，进行实施效果的验证分析，持续调整和改进，实现煤炭码头真正意义的清洁生产。

（二）水环境治理体系

煤炭码头的水环境体系由生产用水、生活用水、雨水、冲洗水、污水处理排放水、回收压舱水等水系统组成。

煤炭码头水源包括市政供水、压舱水回收、污水处理后中水、雨水等，煤炭码头用水包括生产用水和生活用水。生活用水主要通过市政管网供水，生产用水包括消防用水和除尘用水，其中一部分采用市政水，一部分来自中水、雨水、压舱水的回收循环利用。洒水除尘是煤炭码头降尘抑尘的重要手段，作业沿线冲洗也是常态化的一种管理手段，用水需求量较大，若不进行回收和利用，则造成水生态系统的污染，同时也是水资源的浪费。煤炭码头水环境治理体系建设就是通过对生产污水、生活污水、雨水、船舶压舱水的收集处理回收利用，形成绿色生态水循环系统，同时解决生产用水水源紧张和水环境污染的问题。

煤炭码头绿色生态水循环系统技术重点在于通过雨水自动收集系统、污水处理系统的升级优化、水系统管网的综合布局，实现污水零排放和水系统循环综合利用，减少原水使用；同时开发与生产管理系统相结合的水系统监测监控系统和管理平台，通过水源智能调度和洒水智能控制技术，实现水系统与生产管理系统动态适配的综合监控、集约管理和智能调度，保证生产用水的同时，达到智能洒水、智慧调水。

（三）绿色节能技术应用体系

煤炭码头绿色节能应用体系是系统性工程，涵盖整体装卸工艺设计、设备选型配置和生产作业管控全过程。包括：带式输送机输送系统驱动功率级配和驱动方式合理选择；转接点设计伸缩头多点给料装置替代多级溜槽翻板，满足多点给料需求的同时，降低物料提升高度，减少物料搬运过程的功耗；筒仓储煤工艺模式中，仓顶采用卸料小车布料，仓底设置活化给料机，在不增加整体电能消耗的前提下，实现装船作业大运量、高效、精确控制。应用船舶岸基供电技术，实现船舶在港期间污染零排放。结合智能控制技术，开发中央控制系统的一体化决策功能，在预定控制逻辑基础上优化设备启停时间，减少设备空转时间，降低电能消耗。

二、生产运行智能化

煤炭码头传统生产运行作业由中央控制系统、各装卸设备控制系统、工业电视系统、调度通信和广播系统等协同完成,中央控制系统是煤炭码头生产作业控制中枢,负责带式输送机系统和各装卸设备之间按工艺流程协调运行,实现一定意义上的自动化作业。但装卸设备堆料机、取料机、装船机等各单机作业主要依赖人工操作,作业人员操控水平直接影响生产效率。同时作业现场的粉尘、噪声以及高强度的工作状态,给现场人员的健康安全带来一定的风险。

煤炭码头生产运行智能化旨在通过自动化、信息化、物联网、大数据、BIM 等技术的应用,提升煤炭码头生产运营和运行维护的数字化和智能化水平,提高运行运维效率,优化流程,降低能耗,减少作业人员,创建更加绿色、安全、高效的煤炭码头运营生态。

本书主要以典型的专业化煤炭装船码头工艺为例进行论述。

(一)生产运行智能化

煤炭码头全流程生产运行智能化系统包括中央控制系统、翻车机全自动作业系统、无人化智能堆场系统、智能装船系统、远程卸船系统等。各系统相互协作,形成智能化生产作业体系。

1. 中央控制系统

中央控制系统是整个煤炭码头作业系统的控制中枢,负责装卸工艺设备的整体运行,完成工艺流程操作所需的流程启停、故障停机、流程切换等监控,以及作业信息的生成和传送。

2. 翻车机全自动系统

翻车机全自动控制系统实现定位车系统、翻车系统和给料系统全自动一键启动联锁运行,同时翻车机给料系统与带式输送机系统间通过数据通信和硬线联锁,实现流量精准控制、料仓均衡下料和应急联锁功能。

3. 无人化智能堆场系统

无人化智能堆场系统主要包括堆场定位系统、堆料机自动堆料系统、取料机自动控制系统、单机防碰撞系统、三维建模系统等,通过空间定位技术、自动控制技术等实现散货堆场装卸设备无人自动化生产作业。

4. 智能装船系统

智能装船系统由数据处理系统、船舶姿态监测系统、船舶姿态仿真系统、舱口识别和装船机智能控制处理单元等组成,采集船舶、装船机及物料状态信息,经过三维建模系统和 PLC 控制系统智能化逻辑判断，实现装船机智能装船作业。

5. 远程卸船系统

远程卸船系统基于现场实际环境，整合不同操控人员的工作习惯和作业工艺，通过视频监控系统、状态监控系统、防碰撞系统、远程控制系统、生产管理优化策略，实现远程卸船作业。

（二）生产运行维护智能化

传统生产运行维护以人工巡视监测为主，通过定期和不定期两种方式对设备进行检查，巡检人员劳动强度大，对设备状态的及时反馈和信息描述准确度存在一定的偏差。

生产运行维护智能化针对不同设备，结合安装位置、运行时间、输送量、运维工单等信息构建设备运行数学模型，对设备状态进行评估，合理安排检修和维护，实现事前维护，变被动维修为主动维修，降低设备故障率，提高运维效率，节约人工成本，减少人员和设备的安全风险。

生产运行维护智能化系统由运维巡视智能化系统、生产运维管理智能化系统和基于 BIM 技术的维修标准化系统三部分组成。

运维巡视智能化系统包括固定方式带式输送机智能化巡视系统和移动方式智能机器人巡视系统，用于取代人工巡检。带式输送机智能化巡视采用传感器检测、视频动态追踪、数据统计和分析等各种技术手段，对煤炭码头线路长、分布广、检测点多的带式输送机系统进行监测，通过数据收集和分析，对设备故障和维护作业进行预警和方案推荐；智能巡视机器人结合现场工况，分为轨道式巡检机器人和轮式巡检机器人，具有远程状态监控、视窗显示、作业指令制定、远程手动控制等功能，代替人工进行设备巡检，智能机器人管理系统既可单独设置，也可接入带式输送机智能化巡视平台。

运维管理智能化系统基于数字化运维管理平台的开发应用，平台基于互联网模式，收集设备运行及维护数据，建立运行服务设备信息库，实现设备故障自动诊断和预警监控功能，同时具备智能工单推送、运维数据统计、大数据分析和消息智能推送等功能，实现全域运维管理的透明化、同质化、同步化。

基于 BIM 技术的维修标准化系统，利用 BIM 技术的可视化、参数化、仿真性和信息完备性等特点，创建煤炭码头设备工序级 BIM 模型和标准工艺动画库，将设备维修 BIM 模型和工艺演示动画与技术标准、安装方案、安全防护要求等结合，形成标准化、信息化、可视化的维修作业知识系统。当设备出现某一故障时，可为维修人员提供相匹配的维修工艺动画及相关方案、标准，进行快速有效的作业指导，提高维修效率和质量。

同时开展港口设备机械寿命评估和健康检测研究，为港口设备安全性和可靠性运行提供参考依据，为改造升级提供经济性评估；基于 BIM、GIS 技术，开发基于二维、三维一体化的管线空间管理系统，搭建智慧化、可视化综合管网信息管理系统，系统通过对管网数据三维数字化仿真建模，实现管网数据的可视化、精细化、智慧化管理，服务港区水、暖、电等管线管网系统运行维护和升级改造。

煤炭码头运行维护管理智能化技术将随着生产模式变革和技术进步不断发展和进步，提高设备健康监测、故障诊断和全寿命周期管理的科学性和及时性，进一步提升运维质量，是煤炭码头运行运维管理智能化技术发展的方向。

第二章

煤炭码头装卸系统工艺介绍

第一节 装卸系统工艺组成

一、装卸工艺概述

按物料进出港的流向,煤炭装卸工艺系统可分为陆运进港、水运出港、水运进港、陆运出港以及水运进港、水运出港。煤炭码头装卸工艺系统如图 2-1 所示。

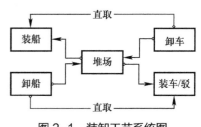

图 2-1 装卸工艺系统图

一般北方为煤炭输出港,20 世纪 80 年代建设的煤炭码头年输出能力为 2000 万 t,采用 2 台双翻翻车机,适应摘钩车型,堆场 3 堆 2 取布置,码头 2 个泊位,配置 2 台装船机,如秦皇岛港二期煤炭码头。20 世纪 90 年代建设的煤炭码头年输出能力为 3000 万 t,采用 2 台或 3 台双翻翻车机,兼顾摘钩和不摘钩车型,堆场 3 堆 4 取布置,码头 3 个泊位,配置 3 台装船机,如黄骅港二期煤炭码头。2000 年后,多为一次性建设 5000 万 t/年的煤炭码头。南方港口配置较为灵活,工艺设计以满足多种转接需要为出发点,设备设计能力相应偏小。直取(装)工艺是指煤炭不进入堆场或者筒仓进行堆存,没有存储环节,直接实现卸车→装船或卸船→装车的工艺流程,在作业效率、节能、环保方面都有突出优势,但需要的外部条件较高。直装流程在中电投锦州港、国能黄骅港和国能天津港等均有应用,而且在国能黄骅港和国能天津港,得益于车船的有效组织和煤种需求的一致性较高,直装流程已是常态化的作业流程。

二、码头装卸系统组成

(一)装卸车工艺

1. 卸车工艺

根据煤炭车型不同,散货卸车工艺主要有翻车机卸车工艺、螺旋卸车机卸车工艺和底开门自卸车卸车工艺等。

（1）翻车机卸车工艺

翻车机是专用的大型卸车设备，是一种高度机械化的卸车系统，能够实现智能化控制。

翻车机卸车工艺卸车线布置形式有两种：一种是折返式（图2-2），另一种是贯通式（图2-3）。折返式是重车线和空车线与车辆进出翻车机房反向布置；贯通式是重车线和空车线与车辆进出翻车机房同向布置，常与采用旋转车钩的列车配合使用。折返式翻车机需要有迁车台来配合，翻卸完成后迁车台将空车移入空车线，而后推车机将空车迁出迁车台，继续进行下一个循环。贯通式翻车机无需迁车台配合，翻卸完成后，推车机直接将空车迁出，进行下一个循环。贯通式翻车机与折返式翻车机相比，一个循环周期时间较短，且贯通式翻车机能够翻卸不摘钩列车，生产效率大大优于折返式翻车机；但折返式翻车机所需场地较小，有更强的适应性。目前煤炭码头建设多采用贯通式形式布置。

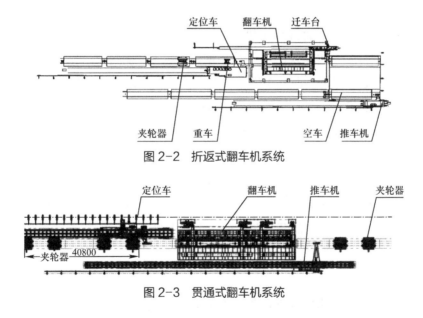

图2-2 折返式翻车机系统

图2-3 贯通式翻车机系统

翻车机卸车系统由车辆翻卸、物料输送和车辆推送系统组成。

在大运量的码头，为提高翻车机卸车系统的卸车能力，可将2台、3台甚至是4台单翻式转子串联布置，以实现一次翻卸2辆、3辆或4辆车。

目前，港口一般采用四翻式翻车机，每小时翻卸25次，额定卸车能力为8000t/h。

（2）螺旋卸车机卸车工艺

螺旋卸车机，工作原理是以螺旋作为推进器，当螺旋在煤堆中旋转时，与螺旋接触处的煤就被螺旋推出车厢。螺旋除自身旋转外，其臂架还可沿轴摆动，使螺旋升高或降低。卸煤时，打开车皮两侧活门，卸车机开至该车皮上方，依靠升降机构和螺旋可自上而下地将煤卸入漏斗。

螺旋卸车线工艺布置有两种，一种是在卸车车位下设相当于1~2辆车容量的卸料斗，料斗通过给料机经地下带式输送机运出；另一种是在铁路两侧设潜坑道，布置带式输送机，机上设钢制接料槽。卸车物料直接落入带式输送机。

螺旋卸车机广泛应用于煤炭、冶金、化工、建材等行业进行煤、砂子、石灰等散状物料的卸车作业。其构造简单，投资少，效率高，对车辆适应性好，要求物料的粒度不宜过大，作业现场条件较差，粉尘污染严重，效率一般在300~500t/h，适于中小型码头。

（3）底开门自卸车卸车工艺

底开门自卸车，是一种卸车效率很高的散货专用列车。卸车时，可打开专用底开门列车的底门，列车边行进边卸货至下部漏斗中，再通过带式输送机将物料运至堆场，通常采用坑道布置。

底开门卸车线设地下受料漏斗和斗下物料转运装置。当重载列车通过卸车线时，逐辆卸净后随即离港。卸车线的车位数依据运量大小、卸车方式而定。运量较小的，车位少，多采用定位卸车，即重车停于卸车车位后开始卸车，车辆卸空后再将列车向前移动，送上的重车开始下一轮的卸车。当运量大、卸车车位较多时，采用列车行进中卸车的方式，这种方式要求车辆卸车速度、列车行进速度、车位数、煤炭转运系统的输送能力相互匹配。

我国供煤炭运输专用的底开门敞车有K18（载重60t）、KM70（载重70t）等，还有国能集团正在研制的KM98（载重100t）车型。底开门卸车工艺是通过地面设置碰头装置来实现火车的底开门的开、关。列车由火车机头或定位车牵引前进，敞车边行走边卸料。

2. 装车工艺

设置于煤炭码头的装车装置，均用于水陆中转码头的大宗物料卸船后装车外运。装车方式，通常分为仓式装车站和机械装车系统两类。

（1）仓式装车楼

仓式装车楼，以装车塔为主体，辅之以供料系统和车辆牵引装置。对于自动装车站，除装车塔内设有储料斗外，还设有定量计量斗、计量秤及控制系统等。物料经供料系统塔顶输入储料斗，待装车辆由塔下通过时，计量斗内预先称量的物料经开启的闸门装入车厢内。

装车楼装车效率在2000~10000t/h，装车线采用装车效率为5000t/h的快速定量装车系统时，一条环形装车线年装载能力为2500万~2800万t，一条尽端式装车线年装载能力为 2300 万～2600 万 t。

目前装车楼已在防城港、天津港、珠海高栏港、湄洲湾港等港口应用。

（2）装车机

装车机（图 2-4），是沿装车线轨道行走的装车设备，适合装车量大的专业码头配置。装车机带有悬臂和尾车，来料有堆场取料机取料后经带式输送机供料装车和卸船机卸船经带式输送机供料装车两种方式。装车过程中装车机连续作业，在两节车厢连接处通过机上漏斗三通翻板切换保证连续装车不撒料。

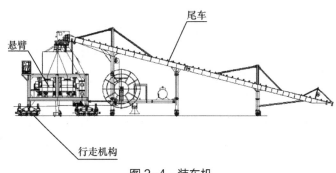

图 2-4 装车机

（二）码头装卸船工艺

1. 卸船工艺

煤炭卸船机械，按机械工作特点可分为间歇性卸船机和连续型卸船机，按卸船方式又可以分为船舶自卸和非自卸。

间歇性卸船机主要有船吊、带斗门机、桥式卸船机，其特点是利用抓斗抓取物料卸船，抓斗卸船工作循环周期中有空返回程。

链斗式卸船机、斗轮卸船机和螺旋卸船机是三种常见的连续型卸船机。这三种卸船机主要由用于垂直提升的提升系统和用于水平运输的带式输送机两大部件组成。

卸船机的作业范围主要为设计船型首尾舱范围，如多个泊位相连布置时，考虑相邻泊位卸船机相互照顾作业的可能。此时如有可能的话，可在码头端部舱口范围外留出检修位置，当卸船机检修时，本泊位仍可借用相邻泊位卸船机进行装卸作业。

2. 装船工艺

现代散货装船机械均是以连续输送带式输送机为主体形成的。根据其结构形式和装船工艺，可分为固定式装船机和移动式装船机两大类，它们都是承接码头上的带式输送机转送的物料并装入船舱。装船作业的基本要求是在不移船（驳船装船码头除外）的情况下，装船机装载点能覆盖设计船型的全部舱口，并能在不同水位情况下进行装载作业。

（1）固定式装船机及其装船工艺

固定式装船机，指装船机机身不能移动的墩式装船机、桅杆式装船机等。装船机的底座一般坐落在码头靠船墩上，设有装船塔架、臂架，臂架由固定臂和伸缩臂组成，内设带式输送机，臂架端部设可伸缩溜筒。装船物料由码头上的带式输送机运至装船臂架旋转中心。

固定式装船机作业覆盖范围小，往往以增加装船机的台数来弥补。对于设备较少的码头，必要时应以移船来保证作业要求。

（2）移动式装船机及其装船工艺

移动式装船机，供料系统通过装船机尾车将码头前沿装船带式输送机内物料转接至装船机。码头前沿的装船带式输送机一般布置在装船机门架跨下或门架后腿的外侧，尾车随输送机布置而定。为使码头前沿通行便利，一般将装船输送机设置在高架栈桥上，这样也有效缩短了尾车的长度。

移动式装船机具有很好的作业性能和对船舶的适应性，成为当今散货装船机采用最多的机型。由于装船机沿码头自由移动，码头带式输送机通过尾车供料，不易密封，防尘比较困难。

（三）堆场装卸工艺

根据应用的机械设备和物料进、出场及堆存形式的不同，堆场装卸工艺布置形式可分为由堆料机和坑道带式输送机组成的地下系统以及地面露天堆场作业的地面系统。煤炭通常都储存于露天堆场，并根据煤炭进出堆场的堆料、取料工艺，采用不同的工艺布置和作业方式。

1. 地下布置工艺

地下布置工艺，主要为坑道装卸工艺，主要形式为煤炭储存在地面的堆场之上，堆场地下坑道设置带式输送机，堆场上的物料经地下坑道输送机出场。堆料方式主要为：双悬臂或单悬臂堆料机堆料、高架带式输送机以卸料小车方式堆垛。向坑道输送机喂料的方式主要包括以下两种：①V形自流式坑道形式，物料堆积在V形存仓内，出料口位于存仓中线，存仓仓壁倾角大于物料堆积角，易于自流，出料口以及闸门漏斗要足够大且表面光滑，此方式土建工程量大，物料易成拱；②平坑道+给料机形式，采用给料机（螺旋给料机、振动给料机）对地下带式输送机进行给料，此方式需要堆场垛形较大，且坑道输送机较多。

2. 地上布置工艺

（1）悬臂式堆料机、斗轮取料机堆场工艺

堆料机、取料机和斗轮堆取料机与地面带式输送机系统构成了煤炭地面堆场工艺系统，国内外大型煤炭堆场都采用这种地面系统。采用这种工艺布置基本上有两种方式：一种是堆取分开（图2-5），即采用堆料机堆料、取料机取料；另一种是堆取合一（图2-6），即堆料和取料由堆取料机完成。

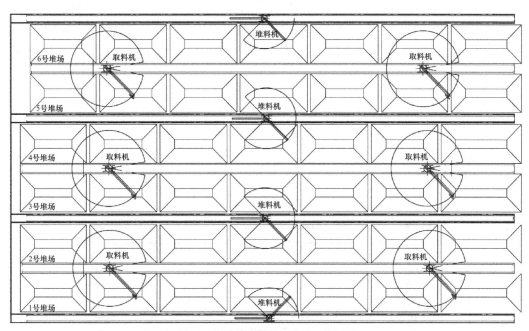

图2-5　煤炭堆场堆取分开工艺系统

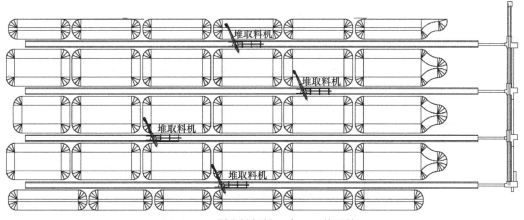

图2-6　煤炭堆场堆取合一工艺系统

堆取分开堆场，采用堆料机、斗轮取料机分别进行堆取作业，其优点主要是同一条料堆的物料能被同时堆存和取走，堆场作业线多，相互干扰较小，运行灵活，与斗轮堆取料机相比，堆料机和斗轮取料机的机型较简单，整机重量较小，单独作业能耗较低，另外取料线的带式输送机选型可根据取料末端需求选用合理带宽与带速，作业能耗较低。缺点主要是堆场布置了较多的坝基，堆场的有效堆存面积较小，堆场的利用率和堆存容量低，堆场布置的堆料机、斗轮取料机和带式输送机较多，设备投资较高，且由于机型不统一，运营管理、维修不便。

堆取功能合一的堆场，其优点主要是堆场作业线少，工艺系统和基础投资小，堆场的有效堆存面积较大，场地面积利用率高，堆场容量大；设备投资较少、利用率高，机型统一，运营管理、维修方便；缺点主要是同一座坝基两侧的堆场不能同时堆取，另外斗轮堆取料机的作业能耗较高。

（2）门式斗轮堆取料机堆场工艺

门式斗轮堆取料机（图2-7），跨在料堆上工作，每台设备只负责一条料堆的堆料、取料作业。因此，在近似的条件下，门式斗轮取料机堆场的机械设备多于悬臂式取料机堆场的机械设备。

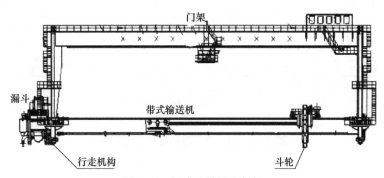

图 2-7　门式斗轮堆取料机

（3）单悬臂堆料机、门式斗轮取料机堆场工艺

单悬臂堆料机、门式斗轮取料机堆场工艺布置是一种堆、取机型分开布置的堆场工艺，由悬臂式堆料机与门式斗轮取料机组合。堆场布置时，将门式斗轮取料机置于堆料机的两侧。

3. 环保储煤筒仓工艺

根据物料特性的不同，散货物料中粮食、水泥等多采用筒仓存储，而煤炭多采用露天堆存。随着环境保护意识不断加强，如何治理煤炭露天堆存产生的环境问题已受到越来越多的关注，采用筒仓存储煤炭能在很大程度上解决煤炭运输和堆存中的环境污染问题。

煤矿和燃煤电厂等早已利用筒仓存储煤炭，并积累了一定的经验。煤炭码头作为海陆联运枢纽，同时还要具备混配煤等物流功能，物料大进大出的随机因素较多，工艺系统较为复杂，筒仓储煤工艺起步较晚。

以黄骅港三期工程为例，进一步对环保储煤筒仓工艺进行叙述。

黄骅港三期工程工艺配置，如图2-8所示，能够满足卸车—堆存、给料—装船和卸车—装船三种工艺需求，通过带式输送机伸缩给料装置的应用，可以实现工艺流程的灵活组合，同时降低了带式输送机爬升高度，节约了电能。装卸工艺系统共设计了82个作业流程。

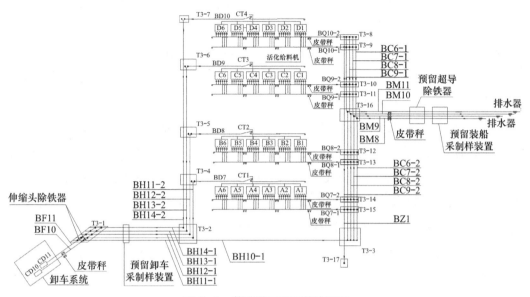

图2-8　黄骅港三期工艺流程图

黄骅港三期工程采用筒仓密闭抑尘进行煤炭的储存和中转的新工艺，克服了现有露天堆场布置工艺的不足，大大降低了煤炭粉尘的产生，可以从根本上解决煤炭露天堆场起尘问题，具有明显的环保优势。

黄骅港三期工程采用封闭筒仓存储，筒仓位于码头后方，仓顶卸料带式输送机自东向西，仓底出料带式输送机自西向东运行。堆场采用4排6列共24座直径40m、高43m的大型储煤筒仓，单仓仓容3万t，每个筒仓仓底对称布置6个出料口。进筒仓的带式输送机布置在堆场的西侧，出筒仓的带式输送机布置在堆场的东侧。筒仓总工艺布置图如图2-9所示。

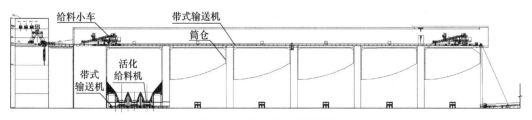

图2-9　筒仓总工艺布置图

（1）仓顶工艺布置

筒仓仓顶工艺布置图如图 2-10 所示。每条堆取料线的筒仓顶部布置 1 条带式输送机廊道，廊道内采用卸料小车作业方式，即卸车系统卸下的煤炭由卸车线带式输送机输送到布置在筒仓顶部的固定带式输送机上，再通过仓顶配置的额定能力为 8000t/h 卸料小车将筒仓上带式输送机所运载的煤炭卸入仓内，卸料小车可沿带式输送机双向运行，既可边走边卸（往复）又可定点双侧卸料。每座筒仓顶部、带式输送机两侧分别布置 1 条长 36m、宽 1m 的进料口，进料口设有 400mm 间距的格栅板和安全栏杆。为了减少仓顶的煤粉，在进料口采用密封皮带沿煤仓层面通长布置进行进料口的密封，并带拉紧装置，从而有效防止煤仓中的煤尘外逸。

筒仓仓顶连廊设计工艺不仅需要考虑筒仓卸料小车及带式输送机主要设备的布置需要，同时要兼顾仓顶设备维修和检修空间需要，工艺设计将仓顶连廊中心线与筒仓中心线偏移 1m，将连廊空间较大一侧作为设备维护区域。该区域设计了卸料小车、带式输送机等设备维修运输通道和维修作业点，同时还建立了备品备件存放区，有效地解决了筒仓设备高空维修和日常设备检修的需要。

关于仓顶给水排水工艺布置，考虑到消防和设备冲洗的需要，筒仓顶部设有消防炮、室内消火栓、手提式干粉灭火器、冲洗卷盘箱等设备，其中消防炮采用鸭嘴式消防炮由单独管路供水，室内消火栓和冲洗卷盘箱共用一条管路。此外为防止水泄漏到筒仓内部，单个筒仓的正上方采用坡度倒流的方式，将地面积水倒流到筒仓两侧，并在筒仓边缘设置排水地漏和管道。

为防止在作业时产生粉尘污染，在工艺上预留了仓顶专用除尘器，除尘器根据运行情况另行安装。在筒仓内设置可燃气体检测装置，与屋顶轴流防爆风机联锁，确保筒仓安全。

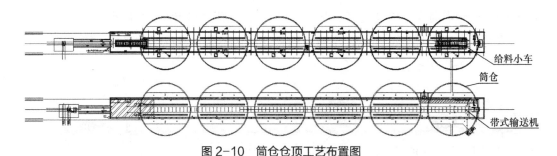

图 2-10　筒仓仓顶工艺布置图

（2）仓底工艺布置

筒仓仓底工艺布置为每条堆取料作业线底部平行布置 2 条仓底带式输送机，仓底带式输送机额定能力为 4000t/h。2 条仓底带式输送机出堆场后转接到装船接力带式输送机上。每个筒仓底部对称布置6个出料口，每个出料口下方布置1台活化给料机，通过活化给料机向带式输送机上供料，3个出料口对应1条仓底带式输送机。

活化给料机采用独特的结构设计，活化给料机内部安装特殊的活化块和下料曲线，工作时拱形活化块的水平振动传递到顶部物料，振动力将物料振松，然后下料，集活化物料功能和给料功能于一体，确保物料通畅下落，解决了下口堵煤的问题。同时保证物料均匀落在带式输送机中部，避免带式输送机跑偏问题，减少撒料和带式输送机维护费用。活化给料机出料能力为1350t/h，采用远程加就地的方式进行控制。

为防止日后物料堆积出现板结和起拱的情况，工艺布置上在锥斗及锥斗与仓壁交接处预留空气炮的气管及预埋件，如后期出现堵料情况，进行安装。筒仓仓底断面图如图2-11所示。

关于仓底给水排水工艺布置，在仓底设有室内消火栓、冲洗卷盘箱和地面排水沟。消火栓布置过程中充分考虑土建结构布置和机械设备的布置，确保消防区域内每个点同时有2个消火栓保护。地面排水沟采用环形布置，将地面积水统一向一侧倒流，每2个筒仓间设1个集水坑，最终与仓顶排水汇集后排向室外煤污水管网。

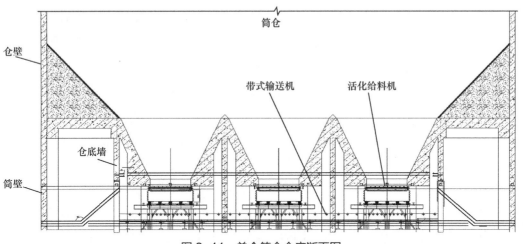

图2-11 单个筒仓仓底断面图

（3）筒仓倒仓工艺

在大型筒仓群应用于港口煤炭作业过程当中，设置倒仓工艺的最主要目的在于：针对煤炭筒仓内部煤炭可能出现的自燃现象以及高温问题加以应急性处理。在实际作业的过程当中，主要考虑以下两种情况：①在储煤筒仓更换煤炭种类的情况下，筒仓内部所残留的部分余料需要完全倒出；②受到各种不确定因素的影响，煤炭筒仓内部煤炭的储存时间过长。特别是在夏季高温状态下，储煤筒仓群往往长时间且持续处于太阳暴晒作用之下，在筒仓内部所储存煤炭温度升高，达到临界点的情况下，需要将煤炭全部倒出。

黄骅港三期工程在装船带式输送机西侧，平行布置 1 条倒仓带式输送机，带式输送机额定能力为 4000t/h。

当倒仓作业时，仓底 6 台活化给料机可同时启动，也可根据需要部分启动，同时将仓底带式输送机的伸缩头切换至倒仓流程，通过倒仓带式输送机将煤炭卸至二期扩容堆场，倒仓系统最大出力根据上期工程堆料系统能力定为 4000t/h，满仓倒仓的最长时间只有 7.5h。对于煤炭自燃情况下的倒仓作业，为避免高温煤炭对仓底皮带造成损伤，可先启动正常筒仓下的活化给料机，将皮带底层铺上一层煤以保护皮带。

（4）筒仓混配煤工艺

为了保证混配煤的准确性、均匀性，筒仓配煤采用活化给料机与皮带秤组合，仓底带式输送机在每两座筒仓出仓位置设置 1 台单辊皮带秤，每条仓底带式输送机共布置 3 台皮带秤，总计布置 24 台，皮带秤精度为 0.25%。

无配料要求的装船作业，物料由一个筒仓出料，下方两条 BQ 输送机同时工作供给一路装船线。有配料要求时，配料的两个筒仓可以在同一排，此时仓底两条输送机同时工作，两个仓的物料可以按照任意比例在仓底两条输送机上或在下游的装船线上实现配料。需要配料的两个筒仓不在一排时，如果是 1∶1 配料，需要分别启动两排仓下各自的一条出仓线供料，在下游装船线上实现配料；如果不是 1∶1 配料，则配料比例高的筒仓下部需要启动两条出仓线，配料比例低的筒仓下部则只需要启动任意一条出仓线，通过三条出仓线同时向下游一条装船线供料的方式实现任意比例的配料。

活化给料机额定能力为 1350t/h，可以实现从 0 到 100% 无级调整给料能力，因此无论对于何种混配煤比情况，经多台活化给料机组合后均能达到装船能力 8000t/h。

与传统露天煤炭堆场相比，筒仓堆存工艺布置主要优点在于：封闭筒仓的煤炭堆存形式，能够防雨雪、防流失、防自燃，可有效保证煤炭成分和湿度稳定，避免作业过程产生扬尘污染，保证港口作业系统正常运营。仓顶采用装机容量较小的卸料小车为载体，完成卸料进仓处理。与此同时，煤炭筒仓仓底位置设置两条相应的输送机，借助于仓底活化给料机，完成煤炭筒仓的给料作业。相较于传统取料机形式，活化给料机的给煤输出能够始终保持恒定的给料量，不受塌垛、收边、垛型等影响，生产作业效率大大提升。同时与传统露天堆场的堆存能力相比，其占地面积减少了一半，给传统煤炭码头工艺提供了一个新思路。

第二节 装卸车系统设备

一、概述

（一）卸车设备

煤炭码头卸车设备主要采用翻车机，翻车机是一种大型的专用卸车设备，与其他卸车设备相比，具有卸车效率高、生产能力大、运行可靠、操作人员少和劳动强度小，可实现完全机械化和自动化等优点。

翻车机能够使铁路敞车沿平行于运行轨道的轴线翻转，而倒出所载散货的卸车机械，一般都为固定式。翻车机按照结构形式，可以分为侧倾式、转子式。

侧倾式翻车机的翻转轴线位于敞车的侧上方，翻转角度一般不会超过180°。由于翻车机整体有较大的重量，工作时候的线速度较高，以及旋转系统的重心不易控制，因此侧倾式翻车机的功率消耗很大，但是此类翻车机具有压车力较小和不需要深基坑的优点。

转子式翻车机的翻转轴线靠近设备的重心，翻车机的翻转角度原则上可以达到360°。虽然此类翻车需要较大的压车力、较深的基坑，但是因其重量较轻，耗电量小，生产作业效率较高，故其应用更为广泛。同时翻车机还可按照驱动力的方式分为钢丝传动翻车机和齿轮传动翻车机。又可按翻车机的翻卸能力分为"单翻""双翻"和"三翻"，最大的翻车机卸车系统一次可以翻卸4节车皮。

（二）装车设备

装车设备通常为装车楼，我国早期煤炭码头装车楼设备相对比较简单，装车楼的整体高度较低，设备主体主要包括装车楼主体、储料斗以及闸门，一般为人工进行操作并且没有设置计量装置。近些年来，我国煤炭码头基本上使用集储料、计量、牵引为一体装车楼系统，设备自动化程度高，主要包含装车楼主体、储料斗、计量装置、溜槽、闸门、液压系统、控制系统以及配套设备。对于火车装车楼系统还需配备机车或铁牛牵引系统（包括铁牛、卷扬机、钢丝绳及导轮等）。

二、系统组成及关键技术

（一）翻车机

转子式翻车机又可分为O型和C型，主要由翻车装置、托辊装置、驱动装置、压车装置、靠车装置、定位车、推车机、漏斗及附属装置等组成。先由定位装置推动翻车机对重载敞车进行定位，翻转机构旋转时，先由压车装置将重载敞车固定，再将其靠于托车梁上，当翻转卸料结束后，由推车装置将空车皮推出翻车区域。

C 型翻车机同推车机配合作业，能够保证推车机大臂带车皮穿过翻车机。该种型式的翻车机主要为满足非旋转钩（F13/F14 号钩）的敞车卸车作业，如目前运营的 C61、C62、C64 等车型（图 2-12、图 2-13）。

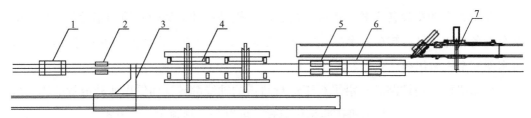

图 2-12　C 型翻车机卸车系统布置图

1—空车轨道衡；2—夹轮器；3—推车机；4—翻车机；5—夹轮器；6—重车轨道衡；7—定位车

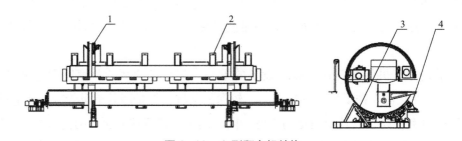

图 2-13　C 型翻车机结构

1—端环；2—压车装置；3—托辊装置；4—驱动装置

O 型翻车机主要为适应旋转钩（F16/F17 号钩）的敞车卸车作业，如目前运营的 C63、C70、C80 等车型（图 2-14、图 2-15）。

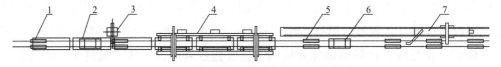

图 2-14　O 型单转子三车翻车机卸车系统布置图

1—夹轮器；2—空车轨道衡；3—列车制动臂；4—翻车机；5—夹轮器；6—重车轨道衡；7—定位车

翻车装置主要由端环、前梁、后梁、平台底梁等组成。端环是由钢板焊接而成的箱形结构，端环上包括环轨和传动齿条，端环上的环轨支承在托辊装置上，端环上的齿条与驱动装置的小齿轮啮合；后梁采用箱形结构连接端环，并支撑靠车板及压车装置；前梁也采用箱形结构连接端环，支撑压车装置。平台底梁上安装轨道，用以支撑铁路敞车行走。

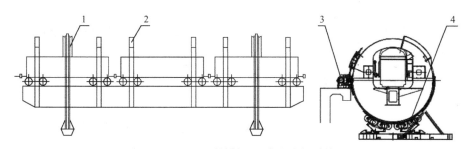

图 2-15　O 型单转子三车翻车机结构
1—端环；2—压车装置；3—驱动装置；4—托辊装置

每台翻车机的驱动装置之间应使用电气和机械两种方式保持同步。机械同步主要采用低速轴同步的方式。驱动装置布置在翻车机基坑外侧，驱动电机、减速箱等设备应与翻车机基坑隔离。驱动装置减速机轴之间用同步轴联结。制动器在失电的情况下可在任何位置上制动翻车机，并且可以在翻车机翻卸过程中任意位置进行制动。

压车装置主要使用液压型压车器压住敞车。液压驱动的压车器具有液压锁定装置和能量吸收系统，能够在敞车卸空物料后吸收车辆弹簧反弹释放的能量，并且每一组压车器油缸都是可以进行单独动作的。

翻车机的靠车系统为主动形式，所翻卸的敞车在翻转装置上由压车装置固定后，靠车装置的靠车板移动并靠紧敞车一侧。

定位车由车体、车臂、行走导向系统、行走驱动装置等组成。定位车是翻车机的前端设备，安装于翻车机的进车端，行走在与重车线平行的钢轨上，牵引整列重车到达指定位置。

推车机与定位车的结构基本相似，主要部件设备为车体和车臂、行走导向系统、行走驱动装置，用以牵引重车和推动空车并使其停止定位。

夹轮器设在翻车机系统重车线上，夹轮器与系统设备自动配合保证敞车不会溜车。

每个翻车机基坑会根据翻卸敞车数量设置多个漏斗，漏斗上部铺设钢板格栅，防止大块异物落入漏斗内。漏斗内有多种检测元件，包括高料位检测器、低料位检测器等。漏斗出口处安装有振动给料机，它能够承受从车辆卸下的煤流的冲击荷载，在翻车机司机室为每台给料机提供流量调节控制和流量显示装置。司机室可根据反馈的检测信号控制漏斗内的物料排空、振动给料机开度等，以保证给底部输送带的物料保持在其设计能力内。

以湖北荆州煤炭铁水联运储配基地一期工程和黄骅四期工程为例，对翻车机系统进行详述。

1. 湖北荆州煤炭铁水联运储配基地一期工程

项目规模为：煤炭物流量4000万t/年，码头吞吐量2100万t/年，其中铁路进口3000万t/年。新建两条三车翻车机卸车线、后方储配煤设施及相应的带式输送机系统。

港区主要来车为30t轴重C96专用敞车，兼顾C80、C70、C64通用敞车。C96和C80为3节一组，采用专用旋转车钩，具备整列不摘钩翻卸功能，C70、C64敞车需摘钩作业。

此项目布置2套C型、贯通式两用摘钩和不摘钩三车翻车机卸车系统，翻卸方向为站在翻车机入口端面向翻车机，翻车机向左翻转卸料。

两条相邻的铁路线的线间距为17.5m。

每套翻车机卸车系统主要由1台C型三车翻车机、1台定位车及其轨道装置、1台推车机及其轨道装置、6台夹轮器等组成。翻车机下设7个漏斗，每个漏斗下设有1台活化给料机，通过给料机将物料运至底部出料带式输送机上，底部出料带式输送机与铁路重车线平行布置，荆州三车翻车机工艺布置如图2-16所示，荆州三车翻车机BIM模型如图2-17所示。

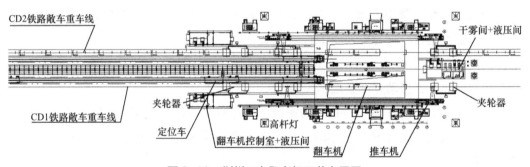

图2-16　荆州三车翻车机工艺布置图

图2-17　荆州三车翻车机BIM模型

荆州三车翻车机主要特点为，由一个单翻翻车机和一个双翻翻车机组合而成，在翻卸 C96 和 C80 专用敞车时，采用不摘钩作业，一次翻卸三节专用敞车，只需要由定位车持续将敞车推入，大大节省了时间，提高了生产效率；但它又能同时向下兼容 C70、C64 等通用敞车，作业时采用摘钩作业，由定位车将列车定位，摘钩后由推车机将敞车牵入翻车机内，一次翻卸 2 节通用敞车，提升了翻车机的生产作业灵活性。

荆州三车翻车机参数见表 2-1。

荆州三车翻车机参数表　　　　　　　　　表 2-1

名称	性能参数
适用车辆型式	主要作业车辆为 30t 轴重 C96 敞车，兼顾 C80、C70、C64 敞车
翻车机额定翻转质量	120t
翻车机最大翻转质量	125t
翻车机最大倾翻角度	175°
每小时额定翻卸次数	C96 为 78 节 /h；C70E/C80E 为 44 节 /h
最大牵引定数	10000t
控制方式	PLC 远程手动、自动和机旁手动
钢轨型号	60kg/m

2. 黄骅港四期工程

黄骅港四期工程新建 2 套四翻式翻车机系统，两条相邻的铁路线的线间距为 17.5m（图 2-18）。此项目采用 O 型四翻式翻车机（每次可以翻卸 4 节铁路敞车），由 A、B 两台双翻式翻车机串联组成，适配的铁路单元列车为 C80，每一单元列车均为同一种车型；同时，翻车机平台及系统满足 K80 底开门自卸车的卸车作业要求。C80 为普通敞车，K80 为底开门自卸车，C80 翻卸作业和 K80 车自卸作业时，各铁路车厢之间均不摘钩；且每 2 组敞车间的车钩连接方式采用列车连接杆而非车钩方式。

A、B 两台双翻式翻车机串联在一起翻卸 C80 车时，不仅可以同时同步进行翻卸作业（两台翻车机的翻转同步由电气控制予以保证），并且这两台翻车机中的任何一台还可以单独进行翻卸作业。

因此四翻式翻车机具有三种工况：

工况 1（翻卸 C80 车），A、B 翻车机同时作业；

工况 2（翻卸 C80 车），A 翻车机作业，B 翻车机不作业；

工况 3（翻卸 C80 车），A 翻车机不作业，B 翻车机作业。

以上三种工况可以自由切换。

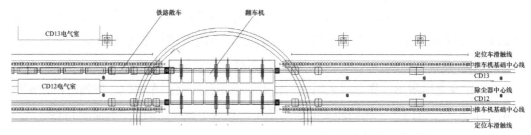

图 2-18 黄骅港四翻式翻车机工艺布置图

黄骅港来车为 2 节一组 C80 敞车和 K80 敞车，C80 敞车为旋转钩，K80 敞车为底开门形式，无需推车机来回牵引，只需要定位车往复推动列车即可。

黄骅港四翻式翻车机参数见表 2-2。

黄骅港四翻式翻车机参数表　　　表 2-2

名称	性能参数
适用车辆型式	主要作业车辆为 C80、K80 敞车
翻车机额定翻转质量	80t
翻车机最大翻转质量	120t
翻车机最大倾翻角度	180°
每小时额定翻卸次数	C80 为 100 节 /h；K80 为 60 节 /h
最大牵引定数	10000t

（二）装车楼

装车楼的上层设置有缓冲仓，容纳从堆场运输过来在装车楼内暂存的物料，缓冲仓下方设置有定量计量料斗以及漏斗秤。整个装车楼系统可自动控制也可人工操作。在装车前，火车机车推动空车列通过火车卡识别仪，对火车的型号、车号及车内有无其他物料（物件）等进行检测，对于定型车辆只需按照统一的车辆载重量设定即可，对于非定型车辆，则需要经过车辆检测装置，根据检测出的车型通过 PLC 自动设定装车量进行装车作业。车型检测数据传输到自动控制系统中。

当系统检查正常，具备装车条件后，由铁牛牵引或机车推动空车列尽可能匀速、一辆接一辆地再次通过装车楼进行装车作业，装车过程中由堆场单机连续不断地取料并经过带式输送机装入装车楼缓冲仓内，然后按装车指令，打开缓冲仓供料闸门（此时称量仓装车闸门处于关闭），煤炭进入定量仓内系统根据设定的装车量在定量斗内称量完毕。计量过程中，缓冲仓供料闸门具有调整给料量功能，计量工作完成后，缓冲仓供料闸门关闭。在装车楼进行煤炭称量过程中，装车楼的车辆自动推送装置自动完成车型检测和车辆推送。当车辆进入装车位置后，定量仓装车闸门立即打开，洒水除尘装置开始工作。煤炭均匀地装载于车皮内，如此依次进行，直至装完最后一节车皮为止。定量仓闸门开关时间应和火车行走速度相配合，使装入车皮内的物料顶部形成合理的堆尖形状，保证车皮荷载均匀分布，将荷载偏差降至最低，并须保证煤炭准确地装到车皮内避免撒漏，并且装车溜槽和装车闸门不得与车皮发生碰撞。

装车楼设有一套完整的自动控制系统、现场检测装置和自动保护装置。其按上述工艺流程和人工设定后自动控制装车作业，通常也设有可以人工操作的作业系统。

以黄骅港矿石装车项目为例，对装车楼进行详述。

黄骅港煤炭港区矿石装车项目火车装车系统包括火车装车楼和牵车系统两部分。

从码头卸载下的矿石，通过带式输送机可以转运到堆场储存，也可以通过带式输送机直接输送到装车楼进行装车。

1. 装车工艺

车辆识别：车号自动识别装置设置在装车楼东侧远端，保证空车列停妥后，对整列车型、车号信息识别，并对车内有无其他物料（物件）等进行检测，车号自动识别装置将车型检测数据传输至装车楼控制系统；工作时调车机连挂空车列将其推至装车楼前铁牛工作行程范围后停车摘机，调车机返回；铁牛连挂好空车列，当识别检查正常后，装车楼控制人员启动牵车系统，然后牵车系统向前牵引空车。

流程启动：火车装车楼液压系统启动，当压力达到工作压力时，卸料闸门和装车闸门动作，并检查安装在装车闸门附近除尘装置的工作情况；铁矿石由堆场堆取料机取料或码头卸船直取，经堆场输送机系统进入装车楼缓冲仓内储存；按先前检测的顺序采用匀速连续一辆接一辆地通过装车楼进行装车作业，直到最后一辆空车装好为止。

装车控制：装车过程中由堆场堆取料机或码头直取作业连续不断地取料并经过输送机装入装车楼缓冲仓内，然后发出装车指令，打开缓冲仓供料闸门（此时称量仓装车闸门处于关闭），铁矿石进入称量仓内自动计量，计量过程中，缓冲仓供料闸门应具有调整给料量功能，计量工作完成后，缓冲仓供料闸门关闭，当车辆进入装车位置时，称量仓装车闸门立即打开，除尘装置同时工作；铁矿石均匀地装入车皮内，如此依次进行，直至装完最后一节车皮为止。

2. 装车楼结构

装车楼楼体为钢结构建筑，楼内设备主要包括缓冲仓、称量仓、装车防尘溜槽、液压系统、闸门及控制室、电气室等。装车楼根据楼内设备的布置分为5层（图2-19）。其中4~5层布置来料带式输送机头部和正反转给料输送机，负责将来料向2个单体火车装车楼分配转运。第三层设置缓冲仓，第二层布置称量仓、称量码、校秤装置、液压站。底层上部安装用于装车的可摆动溜槽（溜槽抬起时，其下方可通过内燃机车），铁路线的一侧安装控制室、电气室、操作室；底层下部为铁路线，通行需要装载的列车。

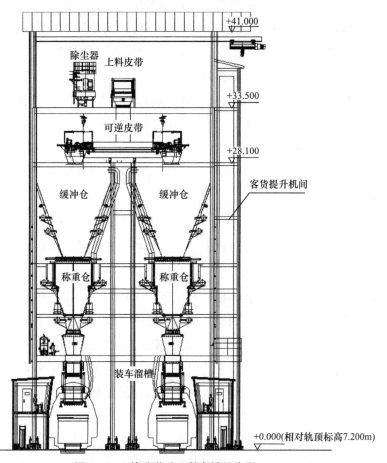

图 2-19 黄骅港矿石装车楼示意图

装车楼除满足 C64、C70、C80 等普通敞车装车要求外，还能够兼顾 20 英尺（1 英尺≈0.305m）35t 敞顶集装箱列车的装车，每节 X70 集装箱专用平车可装载 2 个 20 英尺 35t 敞顶集装箱。

黄骅港矿石装车楼参数见表 2-3。

黄骅港矿石装车楼参数表　　　　表 2-3

名称		性能参数
（1）主要参数		
额定装车能力	（t/h）	5000
最大装车能力	（t/h）	6000
单车装载量	（t）	50～100
装车计量精度	（%）	单节精度 ±0.1%，整车精度 ±0.05%

续表

名称		性能参数			
分度值	（kg）	20			
装车重复精度	（%）	0.1			
列车装车牵引速度	（km/h）	0.5～1.2			
年装载量	（万 t）	1000～3000（16h/d，300d/y 工作制）			
整机设计使用寿命	（a）	30			
总装机容量	（kW）	350			
总重量	（t）	926			
（2）主要尺寸 装车楼外形：长（m）× 宽（m）× 高（m） 轨面以上净空高 （m） 给料输送机头部滚筒处输送带上表面至轨道面高度（m）		12×18×41 41 33.5			
（3）缓冲仓容量		物料密度（t/m³）			
		2.0	2.5	2.8	3.0
有效总容积	（m³）	250	250	250	250
有效总容量	（t）	500	625	700	750
空斗～低料位容量	（t）	0～20	0～20	0～20	0～20
低料位～中料位容量	（t）	20～200	20～220	20～250	20～300
中料位～高料位容量	（t）	200～400	220～440	250～480	300～500
高料位～溢料位容量	（t）	400～48	440～600	480～650	500～700
（4）称量仓最大有效容量（t）		物料密度（t/m³）			
		2.0	2.5	2.8	3.0
		240	300	336	384
（5）称量仓进料闸门 闸门开口数量 （个） 闸门型式 闸门数量 （片） 闸门开启速度范围 （m/s） 闸门开启时间范围 （m/s） 闸门关闭速度范围 （m/s） 闸门关闭时间范围 （m/s）		4 平板闸门 8 0.2～0.7 1～3 0.2～0.7 1～3			
（6）称量仓卸料闸门 闸门型式 闸门数量 （片） 闸门开启速度范围 （m/s） 闸门开启时间范围 （min） 闸门关闭速度范围 （m/s） 闸门关闭时间范围 （min）		平板闸门 2 0.2～0.7 1～3 0.2～0.7 1～3			

第三节 堆场设备

一、概述

专业化的煤炭码头堆场主要用于到港煤炭的临时转存、完成堆料作业和取料作业，装卸设备分为堆料机、取料机和堆取料机三种机型。这三种机型的堆场布置型式相近，但设备布置、作业方式和适用条件都有所不同。具体对比分析见本章第一节"装卸系统工艺组成"相关内容。

二、系统组成及关键技术

（一）堆料机

堆料机是与地面水平固定带式输送机配套使用，并将输送机运送来的散货堆放在料场上的一种机械。目前，堆料机按结构特征可分为单悬臂、双悬臂和回转悬臂三种形式。其中，单悬臂堆料机是双悬臂堆料机减少其中一个堆料臂而成的。单悬臂堆料机主要是在特定的平面布置及工艺要求下使用。单悬臂堆料机只能在带式输送机的一侧进行堆料作业。而回转悬臂堆料机，虽然也只有一个堆料臂，但是它自身拥有回转机构，使得它能够在带式输送机的两侧进行堆料作业。

堆料机主要是由堆料机本体和尾车两部分组成。堆料机整体横跨在水平的地面带式输送机上，并可在地面轨道上沿带式输送机方向来回移动。堆料机的尾车实际上就是带式输送机的卸料车，尾车整体连接在堆料部分的运行机架上，并由运行机架带动其行走。运行机架上装有悬出的堆料臂，堆料臂上安装有带式输送机。双臂（或单臂）堆料机的堆料臂只能在垂直面内进行俯仰，因而这种堆料机在作业过程中只能堆出较小的尖顶条形料堆，但是回转悬臂堆料机的堆料臂能够在水平面内转动和俯仰，因此在作业过程中能够堆出较大的平顶条形料堆。双臂（或单臂）堆料机的堆料长度总是小于与它联系的带式输送机的长度，而回转悬臂堆料机则可稍稍超出带式输送机的运行范围。因此，前者一般用于配合坑道带式输送机或料垛宽度要求不高的情况；而后者通常和斗轮取料机配合在大面积料场上一起使用。除此之外，还有另外一种高门架的回转悬臂堆料机，能够和高架栈桥带式输送机进行搭配使用，保证堆场内车辆流动的便捷。

以国能天津港煤码头为例，对堆料机进行详述。

天津港煤码头共有6个堆场，4条堆料线，每条堆料线布置一台堆料能力4000t/h

的回转悬臂堆料机，如图 2-20 所示，料堆采取直线形布置，总长度 741m。料堆底部宽度为 56m，高度为 18m。采用回转悬臂堆料机，除了能够堆积成长形平顶料堆外，同时还可以实现回转功能对设备两侧料场进行多个料堆的堆料，其优点是一台回转悬臂堆料机可配合多台取料机使用，实现了节约占地空间和降低工程成本的作用。

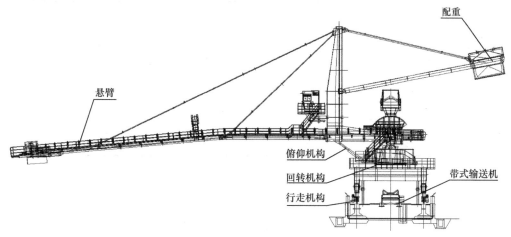

图 2-20　天津港煤码头悬臂堆料机

回转悬臂堆料机的主要机构如下。

1. 行走机构

行走机构采用轮轨式，门座架上部与回转支承连接，下部与行走机构连接。行走机构的驱动系统通常采用三合一减速电机，驱动装置能够实现软启动、延时制动，车轮架的一端设置缓冲器和轨道清扫器。行走有两种速度，高速约 25m/min，用于长距离移机；低速约 5m/min，用于堆料作业。

2. 回转机构

回转机构采用回转大轴承式回转支承形式，回转驱动装置安装在回转平台上，并通过输出轴上的小齿轮与回转大轴承上的外齿圈啮合。回转电机驱动小齿轮绕回转支承运动，使整个堆料机上部能够在 ±122° 范围内回转。

3. 俯仰机构

俯仰机构采用液压形式，主要由液压站、俯仰油缸组成，液压站安装在回转平台上，俯仰油缸支撑在回转平台和悬臂之间，通过液压缸的运动使得悬臂可以在 −6°～+19° 之间俯仰。

4. 悬臂

悬臂由变截面的工字形梁组成。悬臂上安装有带式输送机，带式输送机可随着悬臂上仰和下俯，带式输送机的驱动装置为电机—减速器的形式。带式输送机上设有料流检测装置，当带式输送机上无料时发出信号，堆料机停机。

天津港煤码头回转悬臂堆料机参数见表2-4。

天津港煤码头回转悬臂堆料机参数表　　　　表2-4

名称	性能参数
堆料能力	4000t/h
回转半径	44m
行走速度	0～25m/min
俯仰角度	$-6°\sim+19°$
回转角度	$±122°$
悬臂带宽	2000mm
悬臂带速	4.2m/s

（二）取料机

取料机是用于将堆场上的煤炭连续供给地面或坑道带式输送机，以使煤炭自堆场运出的一种高效率转运机械。目前主要分为斗轮取料机、滚龙机和螺旋喂料机等几种机型。这些机型都可以达到较高的生产率，并且便于和带式输送机衔接。

1. 斗轮取料机（图2-21）

结构与悬臂堆料机结构类似，两者的主要区别在于旋臂的伸出末端安装有一个斗轮。当斗轮转动时，斗轮能够从料堆中挖取物料并倾倒在旋臂上的带式输送机上，然后再通过固定的地面带式输送机将物料运送出去。横跨在带式输送机上的斗轮取料机可以在地面轨道上来回行走，可以在斗轮有效幅度内将带式输送机两侧的物料取回。斗轮取料机具有动力消耗较少、自身重量较轻、磨损件较少、操纵简单和生产作业率高的优点。虽然斗轮取料机的挖掘能力和能够适应的物料块度相比于周期式的单斗挖掘机来说要小得多（通常块度尺寸不大于斗宽的0.2倍），但是对于煤炭码头这样的取料作业来说，通常都可以满足要求，因此，斗轮取料机在煤炭码头中应用广泛。斗轮取料机的料斗通常都是采用重力方式进行卸料，即物料从料斗口装入并随斗向上旋转到一定角度后依靠自身重力从斗背处卸下。开启式（无格式）的斗设有斗背，在非卸料位置中与固定的环形导板形成封闭容积。半开启式（有格式）斗的斗背是一个向一侧开口的平滑曲面，这些曲面从斗的一侧朝另一侧倾斜，并逐渐向轴心变窄的空间分格，物料随斗转到上部位置后即可沿曲面向斗侧卸出。采用离心式卸料的取料斗具有封闭的斗形，当进入斗内的物料转至上顶点位置后其在离心力和重力的双重作用下经斗口被抛出。离心式卸料的斗轮工作时转速高，斗轮外形尺寸小，其构造较为简单，能够使得斗轮取料机的重量大大减轻，但是这种斗轮仅适用于小颗粒的松散物料。当斗轮取料机挖取黏性物料的时候，卸料的效果一般较差，这种物料选用开启式的斗轮比半开启式及封闭式的效果好。但是开启式斗轮的整体刚性较低，通常情况下只适用于挖取阻力较小的物料。

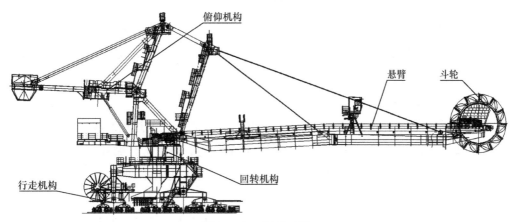

图 2-21　斗轮取料机

2. 门式取料机

是在斗轮取料机的形式上发展而来的一种取料设备。它的水平机架横向跨越堆场，并通过取料机两端的车轮沿堆场纵向移动。水平机架内装有带式输送机。取料机利用一个安装在水平机架上的移动旋转斗轮进行取料，然后利用机架内的带式输送机供料给头部与之垂直的水平带式输送机。旋转斗轮在圆周上分布有侧壁的 T 形斗。因而，无论斗轮进行左右移动还是进行正反向旋转均可以取料，以克服门式取料机只能从料堆底部取料，而不能翻越料垛作业的缺点。但是这种斗的挖取阻力比较大，充填条件差，并且斗的强度和刚性也较小，只适于松散的、小颗粒的、密度较小的散货。门式取料机可以采用硬胶轮在水泥路面上行走，也可以采用钢轮在轨道上行走。

3. 螺旋喂料机

是利用水平旋转的螺旋直接把散货推送给带式输送机的一种取料机械。目前有两种型式，简易的螺旋喂料机跨越料场并贴近地面移动，因此它只能从料堆的底部进行取料；而复杂的螺旋喂料机的取料螺旋可以通过其他工作机构的协助，在上下、左右及前后三个方向进行移动，因而取料效果有较大提升。

此外，煤炭码头堆场上，也有周期式地使用推土机等设备来给带式输送机取料的。由于这类设备本身性能和使用条件上的限制，以及设备周期式工作不易与带式输送机协调配合，所以这类码头的生产效率不高，此方式往往只用作辅助集料。

以天津港煤码头为例，对斗轮取料机进行详述。

天津港选择在一条取料线上配置两台取料机，主要是针对目前我国各个行业对于煤炭的需求在逐年上涨，对于煤炭的质量要求也在逐步提高，单一煤种的市场竞争力越来越差，各大行业基本都改用了混煤。混煤若是配比合适、煤种合理，在实际应用中会发挥出比单一煤种要高很多的优越性能。因此采用一线双机可以更加灵活地进行配煤工作，适合不同货主的需求，提升经济效益。

斗轮取料机取料工艺可分为旋转分层取料和顶点斜坡取料两种。

（1）旋转分层取料，主要是由料堆的高度决定，因此又可以分为：分层分段取料和分层不分段取料。

1）分层分段取料工艺

分层分段取料的作业：将斗轮放置于煤堆作业位置上，通过控制起始的旋转取料，在达到旋转要求范围后，移动行走部件到固定的位置，然后进行循环工作，直至将低一层的煤层取完，即可实行换段施工，将斗轮放置于第二层的作业点上，然后取料。

2）分层不分段取料工艺

分层不分段取料的作业：将斗轮放置于煤堆作业点上，然后控制起始的旋转取料，使其到达旋转范围，然后移动至固定的位置再反向旋转，直至将煤取完。上述作业完成后，重新返回作业点，将臂架下降，重复作业。这种作业方式的优势在于效率较高。

（2）定点斜坡取料

定点斜坡取料的作业：斗轮根据料堆斜坡，从上而下逐层地进行取料，斗轮臂架每下降一次，取料机都应当向后移动，当取料到达固定深度之后，取料机才能向前移动，并重复上述操作。

天津港煤码头斗轮取料机参数见表2-5。

天津港煤码头斗轮取料机参数表　　　　　表2-5

名称	性能参数
取料能力	3000t/h
回转半径	55m
料堆高度	18m
行走速度	0~30m/min
俯仰角度	−13°~+13°
回转角度	±170°
悬臂带宽	1600mm
悬臂带速	4m/s

（三）堆取料机

堆取料机是兼有堆料和取料双重性能的连续式机械。但堆料、取料作业不能同时进行。目前专业化煤炭码头常配置斗轮堆取料机。

斗轮堆取料机（图 2-22），实际上就是回转悬臂堆料机和斗轮取料机的联合型式，是一种大型、连续、高效的散料装卸机械，它具有生产效率高、能耗低、自重轻、投资省及操作简便等优点。其特点是悬臂带式输送机能够正反两向运转，以适应堆料或取料时的不同输送要求。

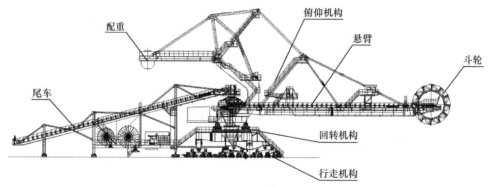

图 2-22　斗轮堆取料机

斗轮堆取料机的形式很多，其分类方法也较多。按行走机构的形式，斗轮堆取料机可分为履带式、轮胎式、轨道式三种；按斗轮臂架的平衡方式，斗轮堆取料机可分为活动平衡式、固定平衡式、整体平衡式三种；按尾车型式分为，固定式单尾车、升降式单尾车、半升降式单尾车、固定式双尾车、移动式双尾车；按机型不同分成臂式、门式、桥式。

堆取料机为集堆料和取料功能于一身的轨道式移动悬臂斗轮堆取料机，堆取料机具有行走、回转、俯仰功能，由行走机构、回转机构、俯仰机构、斗轮、臂架带式输送机、尾车架等组成。可以向轨道两侧的料场堆料，也可以自轨道两侧的料场取料。地面带式输送机的物料经尾车流入悬臂带式输送机，实现堆料作业。主要机构包括：

1. 斗轮机构

斗轮机构安装于悬臂架的头部，主要由驱动装置及圆弧挡料板、斗轮轴、溜料槽、导料槽、斗轮体、轴承座、斗子等组成。斗轮体用锰钢板焊接而成，有足够的强度和刚度，可有效地避免积料和磨损。溜料板与水平面的夹角≥60°，溜料板设置耐磨衬板，衬板均用沉头螺栓连接，并易于更换。驱动装置由电机、减速机、液力偶合器等组成。驱动装置耐冲击，便于检修。斗轮轴与减速器采用胀套联结。设置了机械、电气的双重安全和过载保护并配置良好的吸震装置。

2. 悬臂带式输送机

悬臂带式输送机安装在悬臂架上，随上部金属结构一起在堆料、取料过程中进行俯仰。为适应斗轮堆取料机的堆料和取料要求，悬臂带式输送机为双向运行工作。悬臂带式输送机后部装有电动机、制动器、液力偶合器和带有空心轴的齿轮减速器组成的驱动装置，套挂在传动滚筒轴上，驱动支座通过铰接支承连接在回转平台上。一般采用液压张紧，布置在带式输送机后侧。带式输送机头尾滚筒处设有清扫器，非工作面设空段清扫器。在两头滚筒处附近设缓冲过渡托辊，受料处设缓冲托辊，为防止皮带跑偏，在承载段设双向调心托辊，空载段设反V形托辊，其余为35°槽形托辊和平行下托辊。

3. 上部钢结构

上部钢结构由悬臂前段、悬臂后段、塔架、塔架拉杆、前拉杆、平衡臂、后拉杆等组成。悬臂前段是由钢板制成的工字形长臂框架式结构，其中间由水平拉杆撑和斜拉杆撑组焊而成的钢板梁，既是斗轮的悬臂架，又是悬臂带式输送机的机架，前臂架在安装时要保证上平面水平，其纵向中心线与后臂架中心线重合，这些均是防止悬臂带式输送机跑偏的先决条件。悬臂后段是整体式钢板梁结构，是主机上部主要承载构件，它与转台靠铰座及俯仰油缸相铰接，因此在俯仰油缸作用下，能够在垂直平面内摆动，从而带动悬臂、斗轮上下俯仰。平衡臂是整体式钢板梁结构，其后部安装配重（钢筋混凝土配重块）。塔架、塔架拉杆、前拉杆、后拉杆汇交于塔架上部铰点，使前臂架、平衡臂、上部配重通过塔架、塔架拉杆、后臂架达到两边平衡的一组杆件系统。

4. 回转平台

回转平台是一件箱形的大型整体式钢结构件，既承受斗轮机上部整体俯仰部分载荷，又是起回转作用的刚性转台。回转平台支承上部俯仰部分（包括上部钢结构、斗轮机构、悬臂带式输送机、俯仰机构、主机附属结构等），其下部通过转盘轴承与门座架相连接。

5. 行走机构

行走机构的驱动系统通常采用三合一减速电机，驱动装置能够实现软启动、延时制动。行走有两种速度，高速约25m/min，用于长距离移机；低速约6m/min，用于堆料作业。同时需要保证在20m/s风速下，臂架处于任何位置均可以低速行走；当臂架与轨道平行时可以高速行走，并可安全启动、制动。同时保证在28m/s风速下，堆取料机能够安全运行到锚碇位置。

以黄骅港储煤基地为例，对斗轮堆取料机进行详述。码头卸船后通过带式输送机将物料运输至堆场，一二期堆场也可通过带式输送机转运到储煤基地堆场。

黄骅港储煤基地项目设置2条堆场，单座轨道梁上设计有3条带式输送机，布置

2台堆取料机,中间带式输送机为受料带式输送机,接受堆取料机的斗轮取得的物料,将其输送至装车楼装火车出港,两侧为给料带式输送机,接受码头2条输送机运送的煤炭,由堆取料机堆料至堆场。工艺布置形式如图2-23所示。

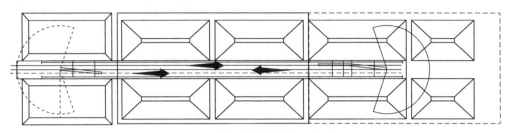

图2-23 黄骅港储煤基地工艺布置图

堆场设置条形料棚,2台堆取料机,一台为双尾车斗轮堆取料机(图2-24),一台为折返尾车斗轮堆取料机(图2-25)。作业货种为煤炭和矿石,作业能力:堆煤额定2500t/h、最大2750t/h;堆矿石额定7500t/h、最大8250t/h,取矿额定5000t/h、最大5500t/h,臂长40m,轨距13m。

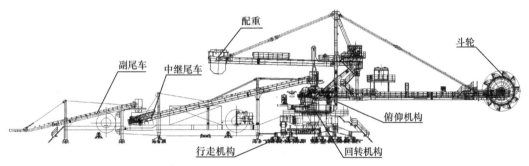

图2-24 黄骅港储煤基地双尾车斗轮堆取料机

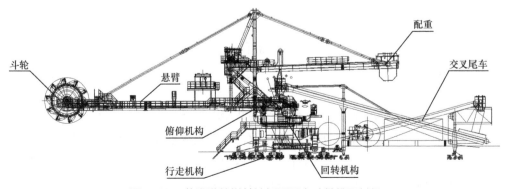

图2-25 黄骅港储煤基地折返尾车斗轮堆取料机

两侧2条带式输送机分别对应2台斗轮堆取料机,由于给料是由西向东,为保证中心漏斗正对于中间带式输送机，因此东侧双尾车斗轮堆取料机设计成副尾车和中继尾车组合的双尾车形式，副尾车平行于给料带式输送机，中继尾车一向在副尾车下方受料，一端向中心漏斗给料。

而西侧折返尾车斗轮堆取料机如果选择和东侧斗轮堆取料机相同形式，将会损失掉一部分堆场，因此西侧斗轮堆取料机选择设计成交叉尾车形式，一尾车平行于带式输送机，从门座架下方开始爬升，爬升到一定高度后通过漏斗给料至二尾车，二尾车一端在一尾车下方受料一端给中心漏斗给料，保证了堆场的利用率。

黄骅港储煤基地斗轮堆取料机参数见表2-6。

黄骅港储煤基地斗轮堆取料机参数表　　　表2-6

名称	性能参数
取料能力	矿石 5000t/h
堆料能力	矿石 7500t/h 煤炭 2500t/h
回转半径	40m
料堆高度	18m
行走速度	0～30m/min
俯仰角度	−11.8°～+9°
回转角度	±110°
悬臂带宽	1800mm
悬臂带速	3.75m/s

第四节　码　头　设　备

一、概述

煤炭码头单机设备，主要分为装船设备和卸船设备两大类。

（一）装船机

装船机分为周期间断性作业机械和连续性作业机械两大类，煤炭码头专业装船泊位一般采用连续性作业装船机进行装船作业。周期间断性作业装船机主要包括门座起重机、桥式起重机等。连续性装船机主要包括固定式装船机、摆动式装船机及移动式装船机三大类型。在我国有些河港码头使用小型摆动式装船机进行装船作业。

我国大型煤炭码头一般采用移动式装船机。移动式装船机整机可以沿码头直线行走，能够大幅度提高装船作业的覆盖面积和作业的灵活性，极大地提高了作业效率。

（二）卸船机

卸船机是一种根据船型、货种及卸船作业特点而设计的多动作专用机械。按其工作原理分周期间断式和连续式两大类。周期间断式卸船机设备有门座起重机、浮式起重机、带斗门座起重机和桥式抓斗卸船机，能卸各种物料，适应各种船型，对泊位条件要求低，但是这些设备作业效率较低，且清舱量大。我国煤炭码头上应用的连续式卸船机在有链斗式卸船机、螺旋式卸船机、悬链式链斗卸船机，这些设备作业效率高，环保性较好，能耗低，但是对泊位稳定性要求较高。

二、系统组成及关键技术

（一）装船机

1. 固定式装船机

固定式装船机（图2-26），是指装船机机身不能移动的固定墩式装船机、桅杆式装船机等。固定式装船机按其功能需要可设有臂架旋转、伸缩及俯仰等机构，以达到装船作业必要的覆盖面。固定式装船机具有结构简单紧凑，机体固定便于采取防尘措施，设备及其基础投资均较低等优点。但其装船有效作业面有限，通常需要移船作业或在一个泊位上布置多台装船机。

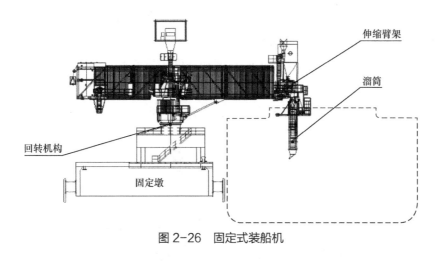

图2-26 固定式装船机

2. 弧形轨道式装船机

弧形轨道式装船机（图2-27），通过设备尾处的球铰和机身立柱下的行轮，在运行机构驱动下沿球铰轴线旋转。弧形轨道式装船机悬臂上安装有电动卸料车，主要利用卸料车的前后运行来改变卸料半径。悬臂带式输送机应处在水平状态下进行工作，以保证卸料车的稳定运行，悬臂的俯仰机构仅用作旋转时避开障碍及非工作时落放在支架上。

弧形轨道式装船机需配合小范围移船共同作业，较固定式装船机装船范围更大，装船效率更高。

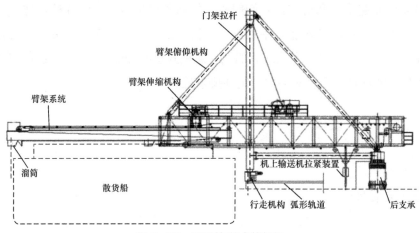

图 2-27　弧形轨道式装船机

3. 移动式装船机

移动式装船机（图 2-28），可沿铺设的轨道移动，具有大车行走机构、臂架俯仰机构、臂架伸缩机构，能够满足装船作业的基本生产功能。装船机尾车将码头带式输送机的物料转运至装船机，码头带式输送机可以布置在装船机门架后腿的外侧，也可布置在门架跨下，尾车随码头带式输送机的布置而定。也可以将带式输送机设置在高架栈桥上，从而可以适当地减小尾车的长度和高度。目前的装船机一般会在溜筒末端安装一个抛料弯头，用来扩大装船机的装船范围，从而减少作业过程中装船机的移动和平舱作业。移动式装船机的构造较为复杂，并且自重较大，对码头基础结构要求较

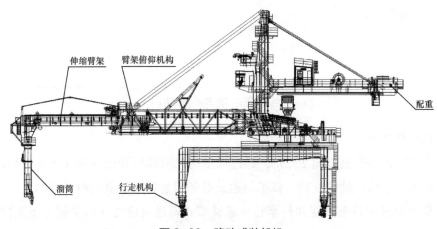

图 2-28　移动式装船机

高，后方带式输送机系统也比较复杂。但是移动式装船机作业过程中灵活机动，因而在海港码头上应用广泛。

以黄骅港三期工程为例，对装船机进行详述。

黄骅港三期工程配置新建4个5万t级装船泊位，码头配置4台额定能力8000t/h的移动装船机，年装船能力5000万t，后建的四期工程与三期工程共用装船码头和装船机，双侧靠泊，基于筒仓工艺的恒定高效率装船，实现了4台装船机兼顾8个泊位，年1亿t的装船能力，是装船工艺和装船能力经典案例。

装船机由主体及尾车组成，主体结构采用四连杆型式。装船机主体部分包括：门架结构，大车行走、臂架俯仰、臂架伸缩、臂架回转等机构，以及臂架带式输送机、可旋转摆动的臂架头部溜筒、可调的抛料弯头等主要装置。

黄骅港三期装船机参数见表2-7。

黄骅港三期装船机参数　　　　　　　表2-7

名称	性能参数
额定能力	8000t/h
轨距	21m
基距	17.8m
行走速度	0～30m/min
俯仰角度	$-12°\sim+14°$
俯仰速度	8m/min
臂架伸缩	0～6m/min
臂架回转	0～0.15rpm
悬臂带宽	2400mm
悬臂带速	4.8m/s
兼顾船型	2万～5万t

黄骅港三期工程码头上布置有4条带式输送机，带式输送机从装船机门架下通过，并通过尾车向装船机供料，煤炭经转载点漏斗、悬臂带式输送机、臂架头部漏斗、溜筒装入船舱，并使用抛料弯头进行平舱作业。装船机与码头带式输送机的连接关系为：SL8对BM8、SL9对BM9、SL10对BM10、SL11对BM11。其中SL8装船机尾车采用接力式尾车，SL9和SL10尾车形式为直爬式单尾车，SL11装船机采用折返式尾车；所有装船机回转中心与码头中心线重合。装船机轨距21m，泊位最大停靠船型5万t，可双侧靠泊，4台装船机通过回转功能可双侧装船。

由于带式输送机和装船机为一对一给料，且来料是由西向东，因此为了保证所有装船机回转中心与码头中心线重合，西侧装船机由于给料带式输送机在最外侧，带式输送机中心线距离回转中心较远，因此设计成接力尾车形式（图2-29），副尾车平行于给料带式输送机，中继尾车一端在副尾车下方受料一端向中心漏斗给料。中间两台装船机回转中心与带式输送机中心线接近，采用直爬式单尾尾车漏斗偏心布置也可完成给料。

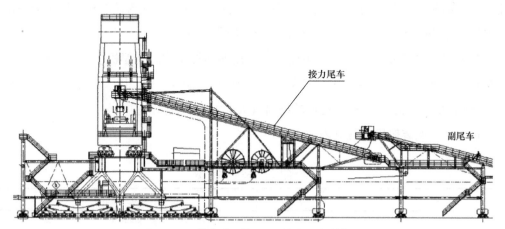

图2-29　黄骅港三期SL8接力尾车装船机

而东侧装船机如果选择和西侧装船机相同的形式，由于尾车的长度较长，将会损失掉一部分装船区域，因此东侧装船机选择设计成折返尾车形式（图2-30），一尾车平行于带式输送机，从门座架下方开始爬升，爬升到一定高度后通过漏斗给料至二尾车，二尾车一端在一尾车下方受料一端向中心漏斗给料。这种设计有效地保证了装船作业。

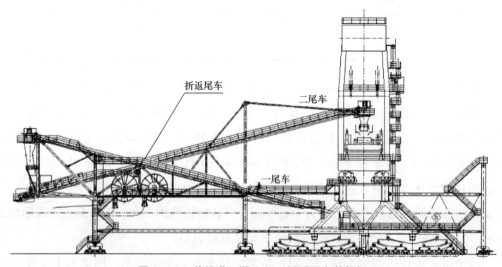

图2-30　黄骅港三期SL11折返尾车装船机

（二）卸船机

卸船机主要有门座起重机、桥式抓斗卸船机、链斗式卸船机、螺旋式卸船机等。

1. 门座起重机（带抓斗）

门座起重机（图2-31），设备起重量一般在10~40t左右，通常使用在中小吨级的泊位上，可以用来抓取各种粒度、黏度、硬度的煤炭。该设备为多用途装卸设备，可以360°回转，用于专业化煤炭码头卸船作业时，需要在码头前沿输送带式输送机上配置固定式或移动式漏斗，移动漏斗可沿地面轨道行走并和门机采用拉杆相连，随门机移动。

带斗门座起重机是散货卸船的专用门座起重机，门座起重机上安装有接料漏斗。带斗门座起重机在卸船作业时臂架抓取物料后无需旋转，只需要变幅，卸船的效率相对于普通的门座起重机大幅提高。但是其具有钢丝绳吊挂长度长，抓斗偏摆不容易控制等缺点。前沿接料带式输送机通常为门机跨下高架栈桥布置形式。如果码头前沿带式输送机距离海侧轨道较远，带斗门座起重机则通过接料漏斗下方设置的给料带式输送机与码头带式输送机连接进行供料。

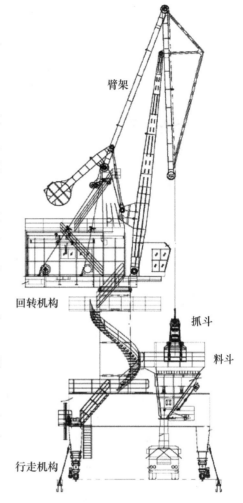

图2-31 带斗门座式起重机

2. 桥式抓斗卸船机

桥式抓斗卸船机（图2-32），是国内大型煤炭专业码头广泛采用的一种卸船设备，通常用于3万t级及以上的散货泊位。卸船机根据小车驱动方式可以分为钢丝绳牵引小车式和起重小车式两种，目前新机型多采用四卷筒钢丝绳牵引式。起升、开闭和小车的牵引机构合成一体，4个卷筒便可实现抓斗的起升、开闭和小车运行，抓斗的作业可以实现曲线轨迹移动、进入或离开船舱。其构造较为简单，钢丝绳的吊挂长度小，司机室视野条件好，生产作业率高。因此，虽然其自重较大，但是仍然是大型抓斗卸船机中的主要类型。该设备的国产化比例高，一次性投资与运行成本相对较低。码头前沿接料带式输送机布置为卸船机跨下高架栈桥形式或陆侧轨后置高架形式。

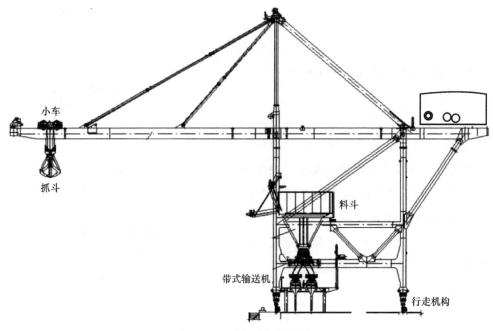

图 2-32 桥式抓斗卸船机

3. 链斗式卸船机

链斗式卸船机（图 2-33），是一种利用链斗从船舱内挖取物料并将物料通过机上输送机系统卸至码头输送系统的散料连续式卸船机械。可分为固定式和移动式，其中固定式链斗卸船机多用于内河 2000t 级及以下的码头，需要设置移船装置；移动式链斗卸船机可沿铺设在码头面上的轨道行走，可对不同舱口移动作业。

目前链斗式卸船机主要有两种类型。一种是悬链式链斗式卸船机，它一般用于甲板驳。悬链式链斗卸船机的链斗在取料段是没有刚性支撑的，直接落在舱面上，在作业过程中船舶颠簸时，链斗可以随着船舶上下起伏，因此链斗可以紧贴舱面工作，具有良好的清仓能力。另外一种类型是 L 形链斗卸船机，链斗挖取物料并将其提升到顶，通过螺旋漏斗卸料器将物料卸在臂架上的带式输送机上，运送到码头带式输送机上。L 形链斗卸船机的取料头可以旋转，臂架可以俯仰，适应能力强。

链斗式卸船机主要由链斗机构、机上输送机系统、升降机构、平衡系统、移动系统（移机或移船）、电气控制系统及安全辅助装置等部分组成。链斗式卸船机的链斗具有挖掘和垂直提升的功能，水平方向采用带式输送机，清仓效果好。但是不能卸粒度过大的、过黏的煤炭。链斗式卸船机的取料机构比较复杂、磨损部位较多，因而对接卸船型的条件要求较高，对多舱型船舶的平均接卸能力较大、防尘效果好、设备能耗低，但其设备本身的价格较高。码头前沿接卸料带式输送机一般布置为卸船机跨下后置高架栈桥形式。

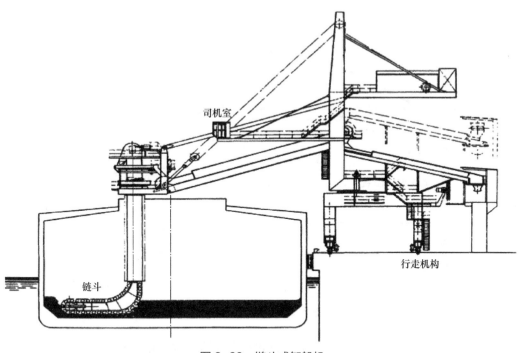

图 2-33 链斗式卸船机

4. 螺旋式卸船机

螺旋卸船机（图 2-34），主要工作机构是螺旋输送机，其输送物料的过程类似于螺旋副的运动。在水平螺旋输送机中，物料由于自重而贴紧料槽。当螺旋轴旋转时，物料与料槽之间的摩擦力阻止物料跟着旋转，因而物料得以前进。在垂直螺旋输送机中，垂直螺旋轴的转速远远高于水平螺旋轴，物料则以较低的转速随同旋转，管壁与物料因惯性离心力的作用和自重所产生的侧压力的作用而与管壁贴紧，管壁与物料之间的摩擦力阻止物料与螺旋轴同步旋转，两者之间有相对运动，从而实现了物料的提升。

在作业过程中，船舱内物料经旋转式进料装置（对转机头）进入垂直螺旋输送机。物料不断进入垂直螺旋输送机管道而被提升至臂架端部，经卸料口而被转载到臂架水平螺旋输送机上。物料沿臂架进入位于旋转塔中心的转载漏斗内。最后物料经门架上的水平螺旋输送机而被转载到与码头平行的前沿带式输送机上。

以珠海高栏港煤码头为例，对卸船机进行详述。

珠海高栏港煤码头位于南水作业区二港池的南侧岸线，码头泊位长度为1308m，其中卸船泊位为590m，布置2个10万t级散货船泊位，另还预留280m岸线，可以布置1个10万t级散货船泊位，卸船泊位远期均预留出15万t级散货船作业条件。卸船码头配置6台卸船机，另预留3台卸船机，其单机额定煤炭卸船能力均为1800t/h；码

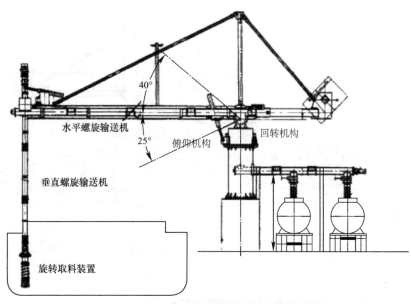

图 2-34 螺旋式卸船机

头布置 2 条卸船带式输送机,另预留 1 条卸船带式输送机,作业时一个泊位配置 3 台卸船机,每条带式输送机的额定能力为 5400t/h(图 2-35)。

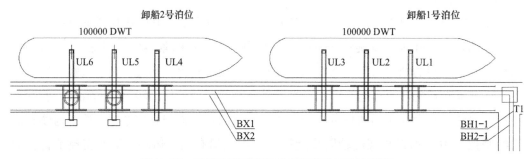

图 2-35 珠海高栏港煤码头卸船泊位平面布置图

珠海高栏港煤码头卸船机为 4 台桥式抓斗卸船机 +2 台链斗卸船机,单机额定能力均为 1800t/h,每台卸船机都可以向下方两条带式输送机给料。

珠海高栏港煤码头卸船机参数见表 2-8、表 2-9。

珠海高栏港煤码头抓斗卸船机参数　　　　表 2-8

名称	性能参数
额定能力	1800t/h
行走速度	0~25m/min
俯仰角度	0°~80°

续表

名称	性能参数
俯仰速度	6m/min
外伸距	40m
臂架回转	0～0.15rpm
小车速度	245m/min

珠海高栏港煤码头链斗卸船机参数　　　表2-9

名称	性能参数
额定能力	1800t/h
行走速度	0～25m/min
俯仰角度	−17°～35°
回转角度	−112°～112°
回转半径	46m
提升高度	26.6m

第五节　带式输送机

一、概述

带式输送机是以输送带作牵引和承载构件，通过承载物料的输送带的运动进行物料输送的连续输送设备。带式输送机一般是在头部卸载，当采用专门的卸载装置时，也可在中间卸载。

带式输送机1795年问世，历经几个世纪的发展，如今不仅在煤炭码头有广泛应用，在冶金、化工、矿山、电力等行业都有较多应用。专业化煤炭码头装卸系统中通常都会应用到带式输送机系统，带式输送机贯穿煤炭进出码头的各个环节，实现物料接卸、转运和临时堆存。虽然带式输送机系统在煤炭码头覆盖范围较广，且不同码头配置多有不同，但系统整体配置有一定的规律。以下主要就煤炭码头带式输送机的特点、分类、典型布置、选型情况进行介绍。

（一）带式输送机特点

传统物料输送方式主要有汽车运输、火车运输，带式输送机作为第三类大运量输送工具，与汽车、火车运输相比，有其独有的特点。

1. 结构简单

带式输送机的主要结构由传动滚筒、改向滚筒、托辊组或无辊式部件、驱动装置、输送带等几大件组成，总体可归属为十多种部件，可进行标准化生产，并可按需要进行组合装配。

2. 输送量大

带式输送机系统的运量可从每小时几公斤到几千吨，而且是连续不间断输送，这是火车、汽车运输不能完全实现的。

3. 物料种类广泛

对不同特性的煤炭均具有良好的适应性，且输送带具有良好的抗磨蚀性、阻燃性、抗油污性等特性，可结合不同输送场景进行匹配。

4. 运距大

带式输送机系统通常由多条输送机组成，通常情况下单条输送机长度一般在 50~1500m 之间。目前，根据需要单条带式输送机长度可达十几公里，在国内外已十分普及，中间无需任何转载点，国外单条 100km 带式输送机已经出现。所以，带式输送机的运输距离较传统汽车运输具有明显的优势。

5. 对地形适应性强

火车、汽车运输往往受地理条件制约较为明显，带式输送机的出现，尤其是管式带式输送机打破了这一规律。现代带式输送机在越野敷设时，已从槽形发展到圆管形，它可在水平及垂直面上转弯，打破了槽形带式输送机不能转弯的限制，因而能依山靠山，沿地形而走，可节省大量修建隧道、桥梁的基建投资。

6. 稳定可靠

带式输送机经过多年的应用，已经证明它的运行非常可靠，可以连续、安全、稳定地运行，目前带式输送机已经广泛应用在煤炭、矿石码头以及电厂、钢厂、水泥厂等。

7. 运营成本低

带式输送机的磨损件仅为托辊和滚筒，设备寿命长，自动化程度高，运行维护人员少，平均每公里运维人员不到 1 人；消耗的油料、电能也相对较少。

8. 安全性高

带式输送机具有很好的安全性，所需要的生产人员少，与其他运输方式相比事故发生的概率低；且维修周期较长，设备通用性强，维修便捷。

（二）带式输送机分类

带式输送机的分类方式有很多种，可以按外形、承载方式、承载能力、输送带结构形式、线路布置、驱动方式等分类。

1. 按外形

分平形和槽形带式输送机。我国现行的是 DT-II 和 TD-75 型带式输送机，有固定式和移动式两大类。

2. 按承载方式

分托辊式带式输送机、气垫式带式输送机、深槽型带式输送机。

3. 按承载能力

分轻型带式输送机和通用带式输送机、钢绳芯带式输送机。

4. 按输送带结构形式

分普通输送带输送机、钢绳牵引输送机、钢带输送机、网带输送机、波纹挡边输送机、花纹输送机。

5. 按线路布置

分直线带式输送机、平面弯曲带式输送机、空间弯曲带式输送机。

6. 按驱动方式

分单滚筒驱动带式输送机、多滚筒驱动带式输送机、线摩擦带式输送机、磁性带式输送机。

（三）带式输送机典型布置

带式输送机的布置需要综合港口装卸工艺设计，进行多方案的技术经济比较，原则上要满足加快车船周转、提升港口吞吐生产能力以及降低营运成本的要求。设计时充分考虑输送量、物料特性、环境因素、给料与卸料方式、整体工艺布置等因素。实际布置时带式输送机在确定了一定的倾角后，可以根据输送机的位置确定最终的布置形式，如驱动装置位置、张紧装置位置、驱动数量、系统缠绕形式等。带式输送机的典型布置如图 2-36 所示。

二、系统组成及关键技术

我国带式输送机系统起步于"八五"期间国家一条龙"日产万吨综采设备"项目，经过三十多年的发展，我国在带式输送机技术方面取得了显著成绩，不仅制定了大量标准、规范，同时也在持续地进行迭代，从最初的粗放型制造逐步向绿色、环保、节能、高效、智能化方面发展。

带式输送机的设计从运行阻力和驱动电动机功率计算开始，再围绕各设备组成部分的选型计算展开。在此基础上，我国相继完成了 TD62、TD75、DTII 型设计手册，在上述手册基础上又进行迭代，于 2014 年发布 DTII（A）型设计选型手册。

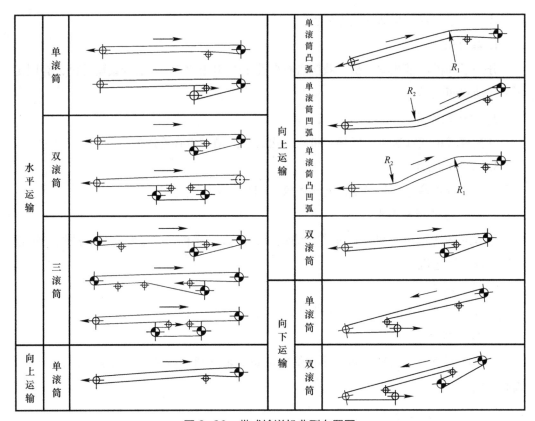

图 2-36 带式输送机典型布置图

设计选型手册是行业内部分企业共同遵守的标准，它并不是强制型标准、规范，也不能涵盖所有工况，在需要的时候，可以根据实际需求进行调整。

DTII（A）型设计选型手册主要借鉴了 ISO 的标准，同时也集合了 DIN 等标准的优点，目前，我国的带式输送机行业标准在世界范围内也是领先的。

煤炭码头带式输送机系统主要由机架、驱动装置、输送带、漏斗、溜槽、滚筒组、托辊组、拉紧装置、清扫装置、导料槽、供电设备、控制设备、其他附属设备等组成，输送能力通常在 1000~10000t/h，带宽为 1~2.4m，带速为 2.5~5m/s。

带式输送机系统中主要部件及其设计计算是重要环节，如整机设计计算，输送带、滚筒组、托辊组、拉紧装置的选型；清扫装置与漏斗、溜槽、导料槽的配合；驱动设备与供电、控制设备的联动等。

(一) 设计计算

带式输送机设计计算执行的主要标准、规范、手册包括：

《带式输送机》GB/T 10595—2017；

《带式输送机工程技术标准》GB 50431—2020；

《连续搬运设备 带承载托辊的带式输送机 运行功率和张力的计算》GB/T 17119—1997；

《DTⅡ（A）型带式输送机设计手册（第2版）》；

《圆管带式输送机》JB/T 10380—2013。

1. 出力计算

带式输送机的出力需求源自码头吞吐能力，输送机能力与对应装卸设备能力相匹配。输送能力需求确定后，方可开展后续设计计算。输送机输送能力由其带宽和带速决定。带速的选取，往往取决于所输送物料的物理特性，低带速适应粉状物料、易碎物料，可以减少粉尘的产生和输送过程中撞击，保证物料的基本颗粒度。

2. 运行阻力和功率计算

带式输送机的消耗功率取决于输送机运转时的总阻力和运行速度，总阻力综合了摩擦力、重力和质量。

总阻力 F_U 也就是运行阻力，由主要阻力 F_H、附加阻力 F_N、提升阻力 F_{St}、特种阻力 F_S 等组成，它们之和等于传动滚筒传递到输送带上的圆周力，见式（2-1）：

$$F_U = F_H + F_N + F_{St} + F_S \tag{2-1}$$

带式输送机计算通常包括两个阶段，第一个阶段是项目初设阶段的计算，一般由项目规划设计咨询单位进行，他们通常对输送机的整体出力作出计算，在阻力计算和功率计算时一般会采用估算，各个参数的选择上往往采取较为保守的策略，以保证计算结果不会低于需求。第二阶段是项目实施阶段的计算，一般由项目实施单位进行，他们通常依托各个设备的实际情况，对各个参数的选取往往是基于最终订购的设备，各参数更接近实际；同时，基于参与项目的经验，也会选取一部分经验数据。此时，两个阶段的计算会出现较为明显的偏差。一般情况下，后者的计算更具有参考性，往往更接近于实际情况。

计算过程参数合理选择决定输送机是否经济运行。以下是几个在实际选取中经常出现误区的参数。

（1）模拟摩擦系数 μ 的选取。在计算主要阻力时，模拟摩擦系数 μ 的选取对计算结果影响较大。国家规范中虽然有模拟摩擦系数的选取参考值，但项目规划设计单位往往在招标文件中明确模拟摩擦系数的具体数值，这一数值一般较国家规范参考值更加保守，后续实施单位在对带式输送机作详细设计时很难再对其进行选择。前期设计单位对模拟摩擦系数的选取应准确、适宜，条件具备的情况下，可单独做实验进而得出准确的模拟摩擦系数。另一方面，模拟摩擦系数在不同的工况下，应当有所区别，但实际实施情况往往都选择了同样的系数，这使得计算结果往往偏大，使得最终总阻力值偏大，驱动设备功率选定时，一般还会预留安全系数，如此一来，驱动设备功率会较需求值大很多，投资也会增大，而且投入运行后，输送机电机长期在低负荷状态下运行，效能降低。

（2）单位长度托辊的旋转部分质量选择。区段上单位长度托辊的旋转部分质量选择时，规划设计单位往往无要求，但实施单位在设计计算时，最终的托辊供应商往往尚未确定，一般通过常规托辊手册进行选取，很少有实施单位在最终完成采购后，再对设计计算书作出对应修改的，对这一方面应当加强管理，使计算更加准确，也便于后期追溯。

（3）每米输送带质量的选择。在录入每米输送带质量时，相同的道理，计算之初供应商同样没有确定，最后都应遵循实事求是的原则，对计算文件进行调整。

（4）减速机电机功率匹配。首先应该根据电机的工作电压和计算结果选定合适的电机功率，然后根据需要的转速和电机转速求出所需的传动比，选择合适的减速箱。如果电机和减速机不匹配会产生振动、噪声大，严重可能出现损坏。

3. 输送带张力计算

带式输送机中的输送带张力是一个沿着输送区段变化的参数，通常情况下采用逐点张力法，张力需要满足两个条件，一个是传递滚筒圆周力所需要的最小输送带张力，另一个是限制输送带垂度的最小输送带张力；满足上述两个条件张力就是合适的。但值得注意是，大多数设计人员在完成设计计算后，便开始选择计算驱动功率以及后面选择适宜的皮带强度。往往忽略了张力在带面上的分布，一般情况下输送带由展开状态过渡成槽形时，输送带边缘有更大的拉伸，此时，输送带边缘势必较输送带中心有更大的张力，设计该过渡段时需要重点考虑，以减少张力对输送带潜在的伤害。

（二）驱动装置

驱动装置是带式输送机动力的来源。电动机通过联轴器，液力耦合器，减速器带动传动滚筒转动，依靠滚筒和输送带之间的摩擦力使输送带运动。一般情况下，驱动装置组成中设备数量越少、越简单越好。然而，驱动装置有时还可能配置一些特殊用途的设备，用来改善输送机的启动和制动性能。在需要的情况下，在驱动装置上还设有制动器和逆止器。

带式输送机系统对驱动装置的基本要求如下：

（1）具有良好的启动性能，具有大的启动力矩以使输送机能够有载启动；

（2）具有一定的限矩性；

（3）多驱动下，能够使得负载均衡；

（4）启动时对电网冲击小。

散货码头带式输送机一般应用的驱动组合形式主要有：

（1）电动机+限矩型液力耦合器+减速箱+联轴器；

（2）电动机+调速型液力耦合器+减速箱+联轴器；

（3）电动机+CST可控启/停装置+联轴器；

（4）变频电动机+减速箱+联轴器；

（5）永磁变频电机+联轴器。

1. 电动机选型

电动机选型时通常根据圆周力计算结果，再结合驱动数量对驱动功率进行合理分配，一般同一滚筒上的两台电动机选择功率保持一致。另外，电动机计算功率往往不是电动机的铭牌功率，使用单位招标时，招标技术文件经常规定使用裕度，此时，电动机需要考虑裕度需求，上调电动机功率。也有使用单位要求将电动机功率与减速机机械功率、热容量进行关联，且要求电动机兼顾设备备件情况，最终的选型往往使得电动机铭牌功率实际裕度超出20%以上，造成了投资增加和正常作业生产的长期低效能运行。

电动机散热形式有IC411和IC611两种较为常见方式，IC411一般为筋冷形式，该形式应用非常成熟，性能稳定可靠，适合通风环境良好的应用场景。IC611一般配有散热背包，该型电动机对安装基础稳定性要求高，不适合振幅较大的应用场景，且对设备密封要求较高，往往会因设备密封工艺不佳导致异物进入引发电动机故障。

电动机接线盒通常配置空间加热器，当电机运转时停止加热，电机停止时空间加热器运行，防止接线盒内结露。

2. 减速器选型

目前减速器选型方法主要是根据计算轴功率，匹配对应的服务系数，再校核热容量，最终确定减速器型号。但经常有使用单位将减速器机械功率的选定同电动机的铭牌功率进行绑定，导致减速器的最终选型往往大大超出实际需求，进而增加了设备成本。

重型减速器会根据使用环境，选择配置润滑油空间加热器，同时对减速器内部油温、轴承温度进行监测。温度监测元器件根据控制系统的要求进行配置，一般为开关量或模拟量信号。

当减速器配置有强制润滑系统或外部油冷设施时，需要对强制润滑系统制定运行策略。处于外部低温环境时，在设备运转前，是先启动强制润滑系统，还是优先启动电动机需要根据实际情况进行流程化定制，同时，需要为其预留供电线路。

一般具有提升高的带式输送机需要配置逆止器，在逆止力矩较小时，减速器高速轴端可设置内置逆止器。力矩较大时，通常在高速端设置外置逆止器或在头部滚筒处设置外置逆止器。外置逆止器安装时，严禁进行敲击安装，同时，注意外置逆止器的润滑方式，一般为稀油润滑和油脂润滑。

3. 液力耦合器

耦合器能消除冲击和振动；输出转速低于输入转速，两轴的转速差随载荷的增大而增加；过载保护性能和启动性能好，载荷过大而停转时输入轴仍可转动，不致造成动力机的损坏；当载荷减小时，输出轴转速增加直到接近于输入轴的转速，使传递扭矩趋于零。耦合器的传动效率等于输出轴转速与输入轴转速之比。一般耦合器正常工况的转速比在 0.95 以上时可获得较高的效率。

耦合器选型一般根据驱动电动机功率计算，确定耦合器功率传递范围即可，但耦合器在选型后至安装调试环节仍有较多控制点值得管理人员进行控制。

传统耦合器一般由耦合器本体、制动轮组成。制动轮基本采用外配套形式进行组合，设备安装完成后，实际动平衡会超出 G2.5 级的要求，常常导致设备异常振动，严重的会损坏设备。

调速型液力耦合器在选型时预留散热装置的安装位置，在设备密封上提高要求，以减少漏油点。

设备加油时，需要按照设计加油量进行加油，应对实施人员充分交底，确保其对耦合器加油量精确控制，避免耦合器失效转变成刚性联轴器。

（三）机架

机架是带式输送机的整体骨架，支撑输送机的全部设备。主要分为头架、尾架、驱动装置架、中间架等。

1. 头架

头架是带式输送机头部部件，主要承受头部滚筒组、增面滚筒组重量，与之配套的设备有漏斗、溜槽。头架设计之初应充分考虑其与基础之间的连接形式，固定螺栓应充分考虑施工条件，确保施工工具能够正常使用。

2. 尾架

尾架是带式输送机尾部部件，主要承受尾部滚筒组、增面滚筒组重量。尾架设计之初同样应充分考虑头架与基础之间的连接形式。尾架应预留尾部滚筒护罩的安装位置，且应结合物料撒落情况，降低尾架积料的可能性。

3. 驱动装置架

驱动装置架是输送机驱动装置的安装支架，主要承受传动滚筒组与改向滚筒组重量，与之配套的设备主要有皮带导向架、驱动底座。按照驱动数量可分为单传动滚筒架、多传动滚筒架。

驱动装置架设计时，应充分考虑各个滚筒轴承座的固定方式，确定固定螺栓的尺寸、穿设位置，减少现场的切改。

4. 中间架

中间架是输送机的整体骨骼，是承受托辊组重量的主要组成部分，贯穿于整条输送机。与之配套使用的有托辊组、中间架支腿等。一般情况下为使中间架自身构成一个整体，设计分为6000mm标准段和3000～6000mm非标准段两种。

中间架设计应同供电、控制、给水排水等配套专业充分沟通，待确定电缆桥架、水管、电管等设备安装需求后，为其单独预留设备安装位置、螺栓开孔等接口，以减少现场焊接等作业，最大程度减少对设备防腐涂层影响。

（四）输送带

输送带作为带式输送机的重要组成部件，占整个输送系统成本的30%～50%，输送带在工作的过程中，受力情况比较复杂，表现为既承受纵向的拉伸应力，还要承受弯曲应力，还需要有较好的磨耗属性及其他化学属性。

输送带根据应用场景的不同，主要分为普通用途钢丝绳芯输送带、一般用途钢丝绳芯阻燃输送带、煤矿用钢丝绳芯阻燃输送带、矿井用钢丝绳芯阻燃输送带等。煤炭散货码头通常都是重载工况，经常应用到的输送带一般多为钢丝绳芯输送带。

输送带在选型时首先应满足计算张力要求，再结合使用单位备品备件的要求，订购时以减少现场接头数量为原则，按照国家标准预留接头长度、牵引消耗长度等，并在每卷皮带上清晰标识设备规格与应用位置，避免错用导致皮带过长或过短。

其中应用最多的普通用途钢丝绳芯输送带主要技术指标见表2-10～表2-12。

性能参数表1　　　　　　　　　　　表2-10

宽度规格（mm）	钢丝绳根数											
	St630	St800	St1000	St1250	St1600	St2000	St2500	St3150	St3500	St4000	St4500	St5000	St5400
800	75	75	63	63	63	63	50	50	50	—	—	—
1000	95	95	79	79	79	79	64	64	64	64	59	55	55
1200	113	113	94	94	94	94	76	76	77	77	71	66	66
1400	133	133	111	111	111	111	89	89	90	90	84	78	78
1600	151	151	126	126	126	126	101	101	104	104	96	90	90
1800	—	171	143	143	143	143	114	114	117	117	109	102	102
2000	—	—	159	159	159	159	128	128	130	130	121	113	113
2200	—	—	—	176	141	141	144	144	134	125	125
2400	—	—	—	—	—	193	155	155	157	157	146	137	137
2600	—	—	—	—	—	209	168	168	170	170	159	149	149
2800	—	—	—	—	—	—	—	194	194	171	161	161

性能参数表 2　　　　　　　　　　　　　表 2-11

等级代号	拉伸强度（MPa）≥	扯断伸长率（%）≥	磨耗量（mm³）≤
D	18	400	90
H	25	450	120
L	20	400	150
P	14	350	200

注：D—强磨损工作条件下；H—强划裂工作条件下；L——一般工作条件下；P—耐油、耐热、耐酸碱、耐寒和一般难燃的输送带。

性能参数表 3　　　　　　　　　　　　　表 2-12

项目	St630	St800	St1000	St1250	St1600	St2000	St2500	St3150	St3500	St4000	St4500	St5000	St5400
纵向拉伸强度（N/mm）	630	800	1000	1250	1600	2000	2500	3150	3500	4000	4500	5000	5400
钢丝绳最大公称直径（mm）	3.0	3.5	4.0	4.5	5.0	6.0	7.2	8.1	8.6	8.9	9.7	10.9	11.3
钢丝绳间距（mm）	10±1.5	10±1.5	12±1.5	12±1.5	12±1.5	12±1.5	15±1.5	15±1.5	15±1.5	15±1.5	16±1.5	17±1.5	17±1.5
上覆盖层厚度（mm）	5	5	6	6	6	8	8	8	8	8	8	8.5	9
下覆盖层厚度（mm）	5	5	6	6	6	6	8	8	8	8	8	8.5	9

（五）漏斗、溜槽

煤炭在输送过程中，常常需要对物料进行转载，转载过程一般在转运站内完成。转运站通过设置漏斗、溜槽完成物料转载，物料转载过程往往是粉尘、噪声的产生源头。转运站设计布置选型的好坏，直接影响下游设备的寿命、转运站的作业环境、系统运行的安全、系统运行的成本。

头部漏斗用于将输送机头部卸载的物料导入后续设备中、料仓内或下一台输送机上，防止物料飞溅和粉尘逸出。在当前逐渐成为主流选择的曲线落煤管设计中，往往在头部漏斗内增设物料集料装置，以约束物料运行轨迹，该集料装置通常具有位置调节功能，主要调节物料合适的切入角度，最大程度降低动能损失，减小起尘量和降低噪声。

溜槽主要用于向上承接头部漏斗，向下对接导料槽，主要作用是输送物料，传统溜槽一般采用直来直去的直线型设计，设备起尘量大，容易导致转接过程中煤炭破碎、噪声大、堵料等问题。曲线落煤管的出现，较大程度地缓解了该问题。

首先通过三维建模软件对曲线落煤管进行建模，然后通过 EDEM 物料仿真软件，对物料轨迹进行模拟，针对模拟结果调整溜管设计，以期达到最优曲线，并最终将物料导入导料槽内。

转运点技术主要控制要点有：物料汇集输送，减少诱导风，平稳转运物料，使物料同下游输送机带速保持一致；控制诱导风；提高上下游设备密封水平。

曲线落煤管的应用受上下游设备落差制约，一般落差大于 4.5m，才可以将曲线落煤管的优点发挥出来，尤其是设备改造工程，需要根据实际情况进行配置。

（六）滚筒组

滚筒组是带式输送机的重要部件，按功能分为传动滚筒和改向滚筒两大类。

按照外形可分为鼓形滚筒、叶片式滚筒、沟槽胶面滚筒。鼓形滚筒由钢板卷圆焊接成形，中间部分筒径大于两边筒径约几毫米，目的是防止输送带跑偏。叶片式滚筒由许多横向叶片组成，目的是便于清洁输送带，此类滚筒又称为自清扫滚筒。如果将叶片改为圆钢棒，则将其称为棒式滚筒。也可以将圆柱形钢壳上开上横槽，起到自清扫作用。沟槽胶面滚筒的护面开上菱形、人字形、直线、环形、梯形沟槽，则将其分别称为菱形护面、人字护面等各种面形状的滚筒，其目的是增大摩擦系数和便于排出黏着物料，传动滚筒护面常选用菱形和人字形。通常港口带式输送机会选用沟槽胶面滚筒，沟槽胶面滚筒能够有效地改善输送物料的运行状况，防止输送带的打滑、保护金属滚筒不被磨损，还可以有效地防止滚筒与皮带之间的滑动摩擦，从而减少滚筒表面的物料粘结，减轻皮带的跑偏和磨损状况，使得滚筒与皮带在生产运输时保持同步运转，保证皮带在生产输送时保持高效运转。

滚筒由筒体、轴承、轴、轮毂、辐板、紧定套组成。滚筒体的厚度取决于滚筒的直径、筒体长度、输送带张力和制动时的磨损等因素。散货码头的滚筒厚度一般按照较大考虑，即 28mm，主要为后期二次挂胶预留加工空间。

很多使用单位将驱动滚筒配置为陶瓷滚筒，主要考虑增加驱动滚筒的摩擦力，实际应用效果也确实较普通高分子橡胶滚筒有改观，推荐使用。

在滚筒制造过程中，动平衡检验较为重要，推荐采用辐板打孔进行动平衡调整，以改善设备观感质量。

（七）托辊组

托辊组按用途不同，可分为普通承载托辊组（图2-37）、专用托辊组。普通承载托辊组在正常段的上分支，支撑输送带和物料，下分支托辊组主要作用是支撑回程输送带。专用托辊组用于输送带的过渡导向，运防偏以及缓冲等。

承载托辊组主要有槽形托辊组、前倾托辊组、过渡托辊组、悬挂托辊组（图2-38）。专用托辊组主要有调心托辊组（图2-39）等。

托辊是托辊组的主要部件，托辊的作用是支撑输送带，减少运行阻力。使输送带的垂度不超过一定限度。以保证输送带平稳运行。托辊的总重约占整机重量的35%。按照功能分为普通托辊、缓冲托辊、螺旋托辊、梳形托辊（图2-40）。

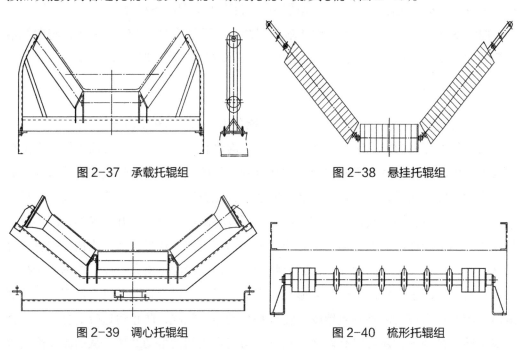

图2-37 承载托辊组　　　　图2-38 悬挂托辊组

图2-39 调心托辊组　　　　图2-40 梳形托辊组

托辊的选择主要考虑托辊组的承载能力和寿命。需要考虑载荷的大小及特征、输送带的宽度和运行速度、使用条件、输送机的工作制度、被运送物料的性质、轴承寿命等。

托辊长度的选择可以直接通过输送带的宽度、托辊组中的辊子数和辊子间的连接和布置方式确定。

托辊的直径和托辊轴的直径以及轴承可根据托辊所受的载荷情况选择。

已有设备提能改造项目中，需要关注设备提速后，校核托辊的转速是否能够满足设备安全运行的需要。

（八）拉紧装置

拉紧装置是保证输送机正常运转、启动和制动时输送带在传动滚筒上不打滑的重要部件。在对带式输送机进行总体布置时，应选择合适的拉紧装置和合理的安装位置。

滚筒与输送带之间要有足够的摩擦力才能保证整机的正常运行，因此需要输送带具有一定的张力，又由于输送带系柔性材料，工作状态下具有一定的弹性形变。此时，需要张紧装置对输送带的弹性形变进行调整，以确保输送带的张力维持在应有的数值。拉紧装置主要作用包括：

（1）保证传动滚筒松边张力，确保输送带与传动滚筒之间不打滑；

（2）确保输送带下垂度，满足设计要求；

（3）补偿输送带的弹性伸长和永久性伸长；

（4）为输送带重新硫化提供必要的储带长度。

拉紧装置按其布置位置分主要有头部张紧、中部张紧、尾部张紧；按布置形式分主要有螺旋张紧、重锤张紧、液压张紧、绞车张紧。不同的位置与形式有不同的组合，如尾部重锤张紧（图2-41）、中部重锤张紧（图2-42）等。

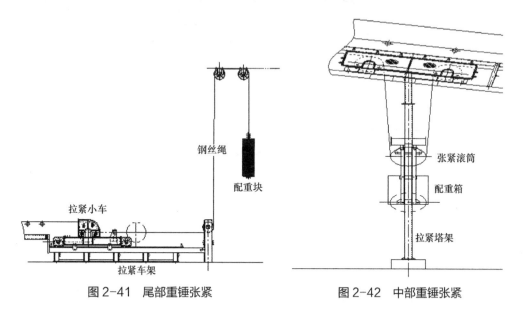

图 2-41　尾部重锤张紧　　　　图 2-42　中部重锤张紧

在实际生产中，应优先选择经济效益高，可自动调节的中部重锤张紧装置。但受现场环境条件的限制，没有足够空间布置时，应根据实际情况，具体分析，选择采用最佳的方案，也可以结合两种或多种型式联合使用。

张紧行程大小取决于下列因素：

（1）输送带延伸特性；

（2）输送机的启动、制动方式；

（3）机械接头的试运期，消除输送带不可恢复原状的长度变化，为制作最终接头提供依据；

（4）储备输送带，在输送带发生局部破损时，提供重新制作一个接头的长度。

输送带的张紧行程，见式（2-2）：

$$l_{sp} \geqslant (\varepsilon_0 + \varepsilon_1) L + l_N \tag{2-2}$$

式中：l_{sp}——张紧行程（m）；

L——输送机长度（m）；

ε_0——输送带的弹性伸长率和永久伸长综合系数；

ε_1——托辊组间的输送带屈挠率；

l_N——输送带接头所需长度（m）。

不同材料的输送带，其拉伸性能是不一样的，在实际设计中，可从表2-13中选择一个近似值。

拉紧行程计算　　　　　　　　　　表2-13

类型	螺旋张紧 （短距离输送机）	绞车张紧 （中或长距离输送机）	重锤张紧（中或长距离输送机）
棉帆布芯	2%L+0.25m	2.25%L+0.6m	2.25%L+0.6m
聚酯帆布芯	2%L+0.25m	2.25%L+0.6m	2.25%L+0.6m
钢丝绳芯	0.3%L+0.3m	0.3%L+0.6m	0.3%L+0.6m
尼龙帆布芯	2.5%L+0.25m	2.75%L+0.6m	2.75%L+0.6m

输送带的永久变形是与其本身特性和使用时间有关系的，在不同的时间阶段，可以有不同的拉紧行程数值，需要在使用一段时间后重新调整。

（九）卸料装置

卸料装置主要有伸缩给料装置、犁式卸料器、卸料车等。

1. 伸缩给料装置

伸缩给料装置用于输送机头部卸料处，应用较多的有3～5工位三种机型，适用范围广，一般不受运量、带速、工作行程限制，且头部可搭载除铁器使用。

伸缩给料装置主要由驱动装置、行走机构、车身、托辊组、滚筒组、防撞器、电动夹轨器、防倾覆装置等组成。

当带式输送机停止运行时，伸缩给料装置可以行走；伸缩给料装置行走至指定工位、行走驱动装置制动后，带式输送机方能启动。不考虑带式输送机运行和伸缩给料装置同时行走的工况。行走驱动装置制动足以满足满载启动冲击的影响，伸缩给料装置无需锚固,此时带式输送机可实现满载启动,物料由带式输送机经过伸缩给料装置到达卸料位置。伸缩给料装置采用全自动化运行设计,通常采用变频驱动,配置有独立的 PLC 系统,通过悬挂电缆实现供电和控制电缆接入。

如该转载点有除铁需求,伸缩给料装置可挂载除铁器,由于伸缩给料装置的特点,挂载一台除铁器,相当于给每个卸料点都安装了除铁器,可以节省较多的设备投资。

通过三通溜槽即可实现一对二给料,这种形式比较简单,配置溜槽翻板就可以实现切换,但是灵活性相对不够。如果需要一对多给料,带式输送机就需要提升,且需要再通过一个三通溜槽才能实现。如果采用伸缩头工艺,可实现流程的灵活切换,且保证不对物料的搬运进行提升,不增加能量消耗。因此对于一对多给料,伸缩给料装置是一种较好的选择。

2. 犁式卸料器

犁式卸料器(图 2-43)用于输送机水平段任意点卸料,有单侧和双侧卸料两种基本型式,适用于带速小于等于 2.5m/s、物料粒度 25mm 以下,且磨琢性较小、输送带采用硫化接头的输送机。

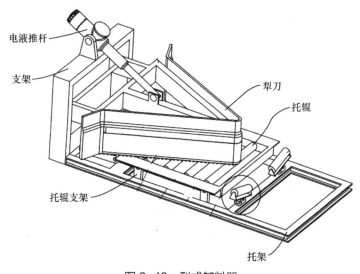

图 2-43 犁式卸料器

犁式卸料器根据卸料点位置灵活配置,可以采用固定式卸料器,也可以采用移动式卸料器。

该设备安装在带式输送机机中部进行卸料,为使其工作时能将卸料段皮带面上的物料全部卸干净,防止损伤皮带。卸料器的卸料床设计成平板式可调槽角的结构,犁头板选用高耐磨钢或其他耐磨材质,方便更换,不易损伤皮带。

电动犁式卸料器主要以电动推杆为动力源,工作时通过电动推杆伸出作用于驱动连杆，带动犁式卸料器滑动框架前进，完成犁刀的下落，并支承起输送机托辊，使带式输送机平面平直，犁刀下面与皮带面紧密贴合将输送带上的物料分别卸入两侧漏斗中。卸料完毕后，启动电动推杆缩回作用于驱动连杆，带动滑动框架后退，使犁刀向上抬起，活动托辊组上可变槽角托辊组由平行状态变回槽形，使皮带工作面恢复槽形状态，让物料正常通过。

（十）清扫装置

在带式输送机物料输送返程中，往往会有大量的物料粘在输送带工作面，如煤尘、泥浆，清扫器就是防止返程皮带带料抛撒的一种装置。

1. 清扫器的形式

（1）刮板式清扫器

刮板式清扫器是利用一块或几块刮板借助于重锤或弹簧拉力与输送带工作面保持接触以清除输送带面上的黏着物料。单刮板清扫器是由一块横跨输送带整个宽度的刮板构成的。多刮板清扫器是由横跨输送带整个宽度的两块或两块以上相互平行的刮板构成的。

刮板式清扫器在煤炭码头应用较为广泛，清扫器主刮板应具有较好的耐磨性，且安装时应确保安装精度，以及调整好压具，使得其可以通过弹簧机构实现自动补偿功能。

清扫器安装位置在设计之初应确定，通过漏斗预留安装位置的形式，使得清扫器得以准确安装，并进行密封处理。重点指出，禁止现场对漏斗设备进行切割，以获取清扫器安装位置。

（2）旋转式清扫器

旋转清扫器系由动力驱动的主轴及安装在其上面的硬毛刷或龙刷组成的，这些硬毛刷或尼龙刷的转速比输送带带速要快，最好为逆向运转。

此类清扫器应根据清扫物料的种类，谨慎选取，主要考虑到设备自身配置的毛刷容易被黏着物料堵塞，导致失去清扫功能。

2. 安装位置

根据安装位置的不同，清扫器可分为头部清扫器、空段清扫器。头部清扫器主要安装在头部滚筒处，空段清扫器主要安装在改向滚筒及尾部滚筒回程输送带处。

传统清扫器都是统一标准配置，设计时也并没有根据使用工况进行针对性的开发，尤其是对撒落料问题的深入研究和治理措施，第三章第五节对此有详细的阐述。

（十一）计量装置

目前煤炭码头普遍使用的计量方式有三种：轨道衡、水尺和皮带秤计量。轨道衡主要用于到港火车的载重计量。船舶水尺计量（公估法）估算装船量，电子皮带秤用于生产过程中作业量控制和参考，但不作为计量依据。

皮带秤是连续测量带式输送机上输送物料的瞬时量和累计量的仪表。主要应用于连续生产过程中的自动配料以及生产管理中储存、运输的计量。皮带秤分为电子皮带秤和核子皮带秤。

1. 电子皮带秤

电子皮带秤（图2-44）主要由测力传感器、二次仪表、托辊组和秤架组成。称重传感器是电子皮带秤的关键元件。

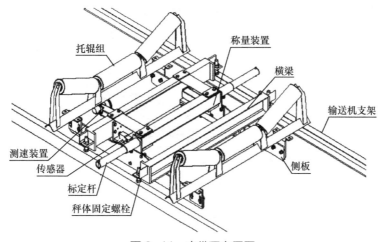

图2-44 皮带秤布置图

电子皮带秤种类较多，如阵列式、浮衡式、移动式、整体式等。

皮带秤高精度测量的关键是秤架将皮带上的物料重量全部、准确地传递给称重传感器。

称重传感器与秤架的连接常采用刚性连接，其中大多设有水平力、侧向力等限位装置，这种形式必然会产生约束力、结构内应力，且无法得到有效释放，使得内力某种程度上干扰了称重传感器的测量，特别是高精度称重计量。

因此，皮带秤选型时，应充分考虑称重传感器的布置形式，确保称重传感器的连接件有必要的浮动空间，减少传力结构件、限位装置，以释放内应力、约束力等，保证称重精度。

阵列式皮带秤（图2-45）。将一组（2~10只）称重单元采用连续安装的方式，组成一个称重阵列。其精度可达0.1%（用于检定）、0.2%（使用），适用输送量可达

13000t/h，带宽最大为2400mm，带速最大为5m/s，阵列单元数不大于8。

图2-45　阵列式皮带秤

浮衡式皮带秤（图2-46）。安装在带式输送机机架上的支撑梁二端处装有两个称重传感器，两个称重传感器分别通过万向关节与支架梁相连，两根支架梁通过称重托辊支架及连板相连形成一个整体称重桥架。精度可达0.125%~0.25%，适用输送量可达10000t/h，带宽最大为2400mm，带速最大为5m/s，称重单元数不大于8。

图2-46　浮衡式皮带秤

移动式皮带秤多用于堆取料机、装船机等移动设备，安装在臂架上，具有倾角补偿装置，精度可达0.5%，适用最大输送量可达10000t/h，带宽最大为2400mm，带速最大为5m/s，称重单元数不大于8。

2. 核子皮带秤

核子皮带秤是一种非接触式计量仪器，适用于多种输送机输送物料的在线计量和控制。它是利用伽马射线探测器作为传感器，由于具有放射性特点，目前在散货码头应用较少。

（1）安装位置

皮带秤位置应选在整条输送机张力变化相对较小的区段，一般设置在靠近输送机尾部，且距离受料点应大于5m；同时，还应考虑尾部导料槽的影响，通常距离导料槽出口不得少于三个托辊组间距。

如设置在输送机凹弧段附近，一般皮带秤位置应在距离起弧点12m以上的直线段上为宜。

对于带有凸弧段的输送机，称重梁宜安装在水平段或倾斜段（倾角≤14°），且称重梁距凸弧段至少6m或5倍托辊间距。

如受安装尺寸限制，安装条件可适当降低，但称重梁必须安装在输送机非受料区直线段内，且称重梁前后至少三个托辊组与皮带接触。

为保证称量精度，皮带秤不宜安装在伸缩给料装置上。

（2）设备要求

称重托辊必须保证托辊径向跳动、槽形公差在允许范围以内；称重托辊的制造精度通常要高于输送机的托辊，推荐采用含有称重托辊的皮带秤。

所有高精度的电子皮带秤都要求输送机槽角越小越有利，一般为35°槽角，45°槽角达不到高精度电子皮带秤规定的精度。

（3）校秤

称量系统安装时，要求皮带秤本体托辊与输送机托辊组应保持共面，以减少张力变化引入称重系统附加力，影响最终称量精度。

由于会受到振动、温度、潮湿等现场条件的影响，称量结果会在一段时间内发生较大变动，因此，在使用中的电子皮带秤需要进行定期标定。常用的标定方式有三种：挂码标定、链码标定与实物标定。

挂码标定是在电子皮带秤容易接受力并传递力最敏感的部位安置或悬挂标准砝码的一种标定方式，其优点是简易、成本低，可以做到多点线性标定；其缺点是标定精度较低（约为+1.5%），搬动砝码比较费力。因此，此方法一般用来辅助标定，或为新安装的皮带秤进行初步调试。

链码标定是通过模拟电子皮带秤每米流过重量来进行标定的标定方法。其方法是通过在静止或运动的电子皮带秤称量段的皮带上放置链码标定装置，进行静态或动态标定。这种方法根据运输物料流量的实际情况进行标定，所以精度较高（约为+0.5%），其缺点是链码装置比较昂贵，且通用性不高。

实物标定也叫实物校验，这种标定方式是使用标准秤对皮带运输机上所运载的物料进行称重，再把物料卸进料仓，在物料经过料仓出口时通过电子皮带秤称重。也可以先过电子皮带秤称重，再在标准秤上称重。这种标定方式的特点是，其最接近于实际称重状态，相比于其他几种标定方式，其精度最高（可优于+0.5%），但是此方式对运量较大的带式输送机进行标定时工作量巨大，需要设计大容量的实物校验装置。

(十二)除铁装置

煤炭码头的除铁装置通常采用磁分离器,磁分离器是一种通过线圈绕组或采用永磁材料组成的产生强大磁场吸引力的设备。其主要作用是消除散状物料中的金属杂质,以减少对输送带的划伤,提高煤炭品质。

除铁器按照磁场产生的原理可分为电磁式和永磁式;按冷却方式可分为自冷式、风冷式、水冷式、油冷式等;按卸铁方式可分为自动清理型和人工清理型;按使用场合分悬挂式和管道式;按磁场强度可分为普通型、强磁场型、高磁场型。

除铁器在散货煤炭码头应用较多,传统选型多为悬挂式带式风冷电磁除铁器,该型除铁器主要特点为结构简单,可自动卸铁,采用轴流风机散热,励磁稳定可靠。但随着煤炭码头带式输送机能力越来越大,皮带上输送的煤炭厚度也越来越大,需要除铁器的励磁强度也越来越高,进而导致传统风冷电磁除铁器越发不能满足使用需求。因此,油冷却电磁除铁器应用越来越多。

除铁器的选型。一般带式输送机带宽在1400mm以下时可以选用永磁除铁器或电磁除铁器,输送机带宽在1600mm以上时选用电磁除铁器。除铁器的选型通常需要结合带式输送机带速、物料种类、物料料层厚度、物料含水率以及安装位置等。

除铁器设置位置有带式输送机中段、头部。带速≤4.5m/s,且除铁器设置在头部时,一般选择1200~1800GS;中段除铁一般情况下与头部除铁相比需增大磁场强度300GS左右;在遇到含水率高或黏稠的物料时,除铁器磁场强度也可适当提高200GS左右。除铁器悬挂高度一般在距滚筒250~550mm之间。

除铁器安装时,一般采用固定式吊挂和行走式吊挂,设计为固定式吊挂时,应使得除铁器吊挂点处各吊挂机构保持垂直姿态,且兼顾除铁器的工作姿态,以确保除铁器处在最佳工作位置;同时,吊挂装置宜采用花篮螺栓,避免采用钢丝绳作为吊挂机构。设计为行走式吊挂时,行走小车应可以较为方便地调整位置,并具备一定的防滑性。

需要注意的是,除铁器设置在带式输送机头部时,输送机头部滚筒应采用非磁性材料制作;中段布置时,除铁器下方对应的托辊应采用非磁性托辊。除铁器配合金属探测器使用,效果更佳,但对金属探测器的可靠性具有较高要求。

第六节 筛分系统

常规煤炭码头货种来源往往并不固定,货种粒度跨度也较大,煤炭销售一般根据粒度范围和燃烧值等因素进行定价,因此有通过筛分系统将不同粒度范围的煤炭进行分类的需求。筛分粒度应根据煤质、选煤工艺和用户要求，经综合技术经济比较后确定，并应符合现行国家标准的规定。预先筛分、准备筛分的粒度和效率根据工艺需求确定。筛分系统一般主要由筛分塔（图2-47）、进料输送机、配筛刮板机、分级筛、筛下溜槽、出料输送机等组成。

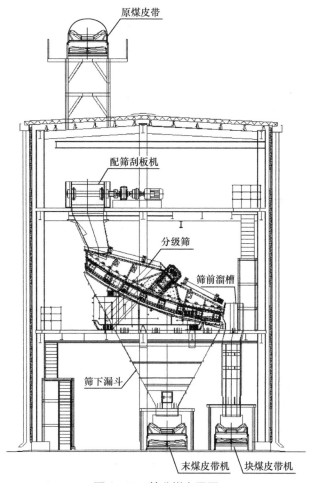

图 2-47 筛分塔布置图

一、筛分塔

筛分塔是整套筛分系统的主要支撑结构，一般有钢筋混凝土和钢结构两种结构形式。

二、进料、出料输送机

煤炭码头筛分系统一般通过专业化带式输送机进行物料输送，一套筛分系统至少包含一条进料输送机、多条出料输送机，出料输送机包含筛上物输送机和筛下物输送机。

三、配筛刮板机

在多套筛分设备配置方案中，大型筛分塔内一般设置有多套筛分系统，需要通过配筛刮板机对分级筛进行配料，以满足筛分效率的需求。

四、分级筛

根据分级筛的安装形态可分为倾斜式直线振动筛、水平式直线振动筛；分级筛主要工作原理是通过激振电动机带动设备振动，物料通过分级筛时由于筛板空隙的限制，较大的颗粒无法通过筛板进而得以保留在筛板上，继续向前运动，小颗粒物料则通过筛板掉落至筛下漏斗内，进而被转运至下游输送机。

五、筛下溜槽

筛下溜槽承接分级筛筛下的物料，起到导流过渡作用，下方出料口连接下游输送机导料槽，外形尺寸通常需要根据分级筛进行配套。

六、性能考核

筛分塔有负荷试运转，加载应从小到大逐渐增加，首先按额定负荷20%、50%、80%给料，逐步进行半小时至十二小时试运转及性能考核，性能考核调试应为连续不间断的。

如果在筛分塔性能考核调试期内，因故障停机的累计时间超过半小时，或者发生重复停机故障（相同故障的次数达到或超过三次），则认为筛分塔性能考核调试不合格，在此情况下应安排另一次性能考核调试。

如果筛分塔性能考核调试的故障停机累计时间小于半小时，并且重复停机故障次数不超过三次，即认为设备技术状态正常，性能考核调试合格。

第七节　采制样系统

煤炭的形成过程非常复杂，需要历经生物化学、物理化学、地球化学作用慢慢形成，我国煤炭分类主要有无烟煤、烟煤、褐煤三大种，而按照煤化程度和工业利用途径还可以针对上述三大种煤进行细分，种类繁多。同时还有外贸进口和出口煤炭，需要对煤炭进行检测，以便对煤炭种类和品质进行确认，并以此作为供需双方结算的依据。

煤炭检测环节包括采样、制样和化验，与带式输送机系统接口的主要是采样装置。采制样系统主要由采样设备和制样设备组成，本节主要对采样系统作介绍，采样设备主要由初级采样器、皮带给料机、二三级缩分、破碎机、样品收集器、溜管系统、斗式提升机和螺旋输送机等组成。

采样是从整批物料中取出一小部分具有代表性的物料的过程。在输送机停止时进行采样最精确，但由于采样的次数较多，这种采样方式势必会大大降低输送机的生产效率。因而目前散货码头输送机的采样工作，基本是在输送机连续工作状态下进行。

采样和制样（初级）的基本过程是首先从分布于整批煤炭的不同点收集相当数量的一份煤，即初级子样，然后将各初级子样直接合并或缩分后合并成一个总样，最后将此总样经过一系列制样程序制成所要求数目和类型的试验煤样。

采样的基本要求是被采样批煤炭的所有颗粒都可能进入采样设备，每一个颗粒都有相等的概率被采入试样中。

为保证所得试样的试验结果的精密度符合要求，采样时应考虑以下因素：
（1）样品截取器开口尺寸应不小于物料标称最大粒度的2.5～3倍；
（2）从该批煤中采取的总样数目应符合标准要求；
（3）每个总样的子样数目及质量应符合标准要求；
（4）截取器应以一预先设置的固定速度从静止位启动穿过物料整个断面。

一、采样器

采样器分为槽式头部断面采样器、扫掠式采样器和锤式采样器，其中，锤式采样器应用较为广泛。

切割器总成是锤式采样机的主要部件，由主轴、切割头及配重块等组成。切割器的开口尺寸通常是2.5～3倍的额定最大物料粒度，切割头通常采用不锈钢制作，可有效防止样品的交叉污染。切割头底部配置非金属刮板，在切割料流时不损伤皮带。切割器通过配重块按力矩平衡原则配平。主轴两边装有调心轴承，通过联轴器与减速电机连接。

二、缩分器

缩分器的作用是将采样过多的物料进一步减少。常用的有回转盘式缩分器、水平旋转轴式缩分器、垂直轴旋转缩分器。

二级采样系统工艺流程为：初级采样机将采到的样品经一次给料机输送至破碎机中进行破碎；破碎后的样品通过缩分器获得最终样品，最终样品收集在防尘、防水的收集器中。

三级采样系统工艺流程为：初级采样机采集到的样品通过一次给料机输送至二次缩分器，二次缩分器采集的样品通过二次给料机输送至破碎机中并破碎，破碎后的样品送到三次缩分器，获得最终样品，最终样品收集在防尘、防水的收集器中。

三、破碎机

取得的样品往往因物料颗粒较大需要进一步进行破碎，破碎机分为单辊、双辊和锤式三种形式。

四、样品收集器

样品收集器是将取得的初级样品分别装入样品罐。一个样品单元为一罐，样品收集器一般有 8~12 个工位，样品量在 20kg 左右。

当采制样系统处于工作状态时，样品收集器的进料口与一个收集罐的进料口对准，缩分下来的样品顺着溜槽被收集到样罐中。如果所采物料为同一批次，收集器会在样罐装满后自动换罐。如果所采物料的批次不同，收集器会根据系统设定的罐号自动换罐。

收集器罐号由安装在收集器上的罐限位和原点限位共同确定。收集器上方的限位为罐限位，下方为原点限位。在收集罐安放到位后，必须确保收集器旋转一周原点限位动作一次，而罐限位每个罐子动作一次。

样品收集器由驱动装置、机架、收集罐、回转机构及检测装置等部分组成。

五、斗式提升机

斗式提升机用于垂直或倾斜时输送粉状、颗粒状及小块状物料。具有结构紧凑、密封性能好、提升高度大等优点。

斗式提升机提升物料的高度可达 40m，一般常用范围小于 20m，输送能力在 15m³/h 以下。其牵引件为高强尼龙输送带，通常情况采用垂直式提升方式。

斗提机包括上部区段、中部区段标准节、中部区段单独节、下部区段、检修平台、输送单元、驱动装置（机）及张紧装置等。

六、螺旋输送机

螺旋输送机用于连续输送粉状、颗粒状和小块状等散状物料。具有结构简单、横截面尺寸小、可以中间多点装料和卸料、密封性能好及操作安全方便等优点。

输送机本体包括壳体、螺旋体、驱动装置及电动闸门等，螺旋输送机外形如图 2-48 所示。

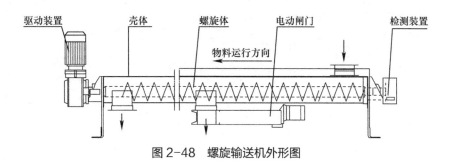

图 2-48　螺旋输送机外形图

螺旋输送机壳体为全封闭结构设计，可有效防止物料外逸、撒落。通常，螺旋输送机壳体设计为 U 形槽式结构，上部全程配置维修盖板及橡胶密封垫，此结构具有结构简单、操作维修方便等优点。出料口配置电动闸门，以实现多点卸料功能。螺旋体主轴两侧配置外球面轴承，具有自动调心功能。驱动采用轴装式减速、电机一体机，具有占用空间小，安装、维修方便等优点。

第八节　带式输送机 BIM 设计

一、BIM 设计背景

BIM 即 "Building Information Modeling" 建筑信息模型，是对建筑设施空间位置、物理特性和功能特征的一种数字化表达。它具有可视化，协调性，模拟性，优化性和可出图性五大特点，可以提供产品从设计、施工到运行维护全寿命周期内的服务，对提升全寿命周期的管理水平有着重要的价值和意义。

二、BIM 设计阶段应用

BIM 技术在带式输送机系统中应用时首先应制定相应的建模标准，规范 BIM 建模操作，指导建模深度。带式输送机 BIM 设计主要包括托辊、滚筒、头架、漏斗、栈桥等零部件的模型创建和计算分析，主要采用的软件包括 Inventor、Revit、Midas 等。

1. 托辊

托辊采用参数化设计建立不同系列的辊子模型库。通过改变托辊的主要安装尺寸、轴承大小等参数改变其模型，设计不同带宽的托辊支架，装配时选择任意的支架与不同种类的辊子相组合，装配出不同种类及规格的托辊组（图 2-49、图 2-50）。

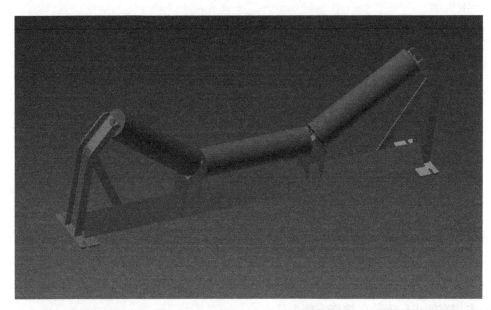

图 2-49　托辊模型

图 2-50　托辊模型参数

2. 滚筒

滚筒主要采用参数化设计，建立不同系列的滚筒模型库。滚筒的三维模型

（图 2-51），通过调整滚筒的直径、宽度等主要参数，驱动滚筒的三维模型，输出对应的重量、转动惯量等参数（图 2-52）。

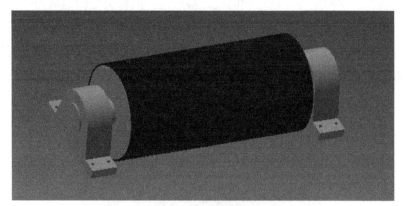

图 2-51　滚筒模型

	Member	Part Number	重型改向滚筒:1:表格替代	带座轴承1:1:表格替代	球面滚子轴承SKF:1:表格替代	紧定套:1:表格替代	球面滚子轴承SKF:2:表格替代	紧定套:2:表格替	带座轴承3:1:表格替	端盖板:1:表格替	转动惯量	重量
1	重型改向滚筒-1800-630-160-16	重型改向滚筒-1800-630-160	重型改向滚筒-1800-630-160	带座轴承1-160	球面滚子轴承SKF-23136 CCK/W33	紧定套H 3136-160	球面滚子轴承SKF-23136 CCK/W33	紧定套H	带座轴	端盖板-1	2222	111
2	重型改向滚筒-1800-1250-180-20	重型改向滚筒-1800-1250-180	重型改向滚筒-1800-1250-180	带座轴承1-180	球面滚子轴承SKF-23140 CCK/W33	紧定套H 3140-180	球面滚子轴承SKF-23140 CCK/W33	紧定套H	带座轴	端盖板-1	2222	111
3	重型改向滚筒-1800-800-180-16	重型改向滚筒-1800-800-180	重型改向滚筒-1800-800-180	带座轴承1-180	球面滚子轴承SKF-23140 CCK/W33	紧定套H 3140-180	球面滚子轴承SKF-23140 CCK/W33	紧定套H	带座轴	端盖板-1	2222	111
4	重型改向滚筒-1800-1250-300-20	重型改向滚筒-1800-1250-300	重型改向滚筒-1800-1250-300	带座轴承1-300	球面滚子轴承瓦轴-23164 CAK/W33	紧定套OH 3164 H-300	球面滚子轴承SKF-23164 CCK/W33	紧定套O	带座轴	端盖板-3	2222	111
5	重型改向滚筒-2000-630-160-16	重型改向滚筒-2000-630-160	重型改向滚筒-2000-630-160	带座轴承1-160	球面滚子轴承SKF-23136 CCK/W33	紧定套H 3136-160	球面滚子轴承SKF-23136 CCK/W33	紧定套H	带座轴	端盖板-1	2222	111
6	重型改向滚筒-2000-1250-180-20	重型改向滚筒-2000-1250-180	重型改向滚筒-2000-1250-180	带座轴承1-180	球面滚子轴承SKF-23140 CCK/W33	紧定套H 3140-180	球面滚子轴承SKF-23140 CCK/W33	紧定套H	带座轴	端盖板-1	2222	111
7	重型改向滚筒-2000-800-180-16	重型改向滚筒-2000-800-180	重型改向滚筒-2000-800-180	带座轴承1-180	球面滚子轴承SKF-23140 CCK/W33	紧定套H 3140-180	球面滚子轴承SKF-23140 CCK/W33	紧定套H	带座轴	端盖板-1	2222	111
8	重型改向滚筒-2000-1000-300-20	重型改向滚筒-2000-1000-300	重型改向滚筒-2000-1000-300	带座轴承1-300	球面滚子轴承瓦轴-23164 CAK/W33	紧定套OH 3164 H-300	球面滚子轴承SKF-23164 CCK/W33	紧定套O	带座轴	端盖板-3	2222	111
9	重型改向滚筒-2000-1250-300-20	重型改向滚筒-2000-1250-300	重型改向滚筒-2000-1250-300	带座轴承1-300	球面滚子轴承瓦轴-23164 CAK/W33	紧定套OH 3164 H-300	球面滚子轴承SKF-23164 CCK/W33	紧定套O	带座轴	端盖板-3	2222	111

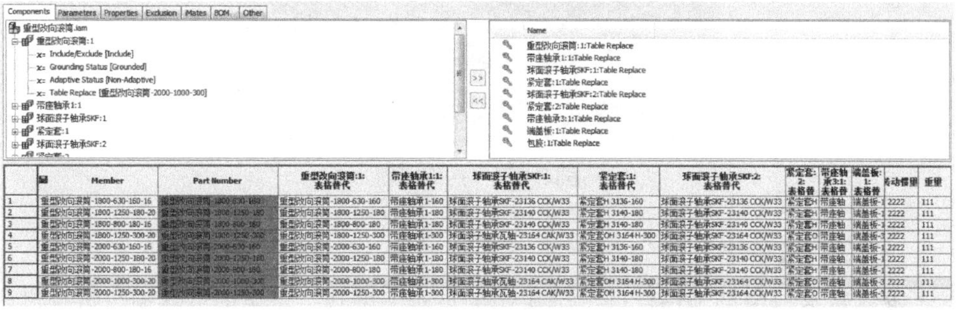

图 2-52　滚筒模型参数

3. 驱动装置

驱动装置（图 2-53）设备主要包括电机、减速机、液力偶合器、制动器等设备，搭建三维模型，创建驱动装置设备信息库，使用时通过主要参数调用对应的设备图纸，为结构及土建设计提供中间资料。

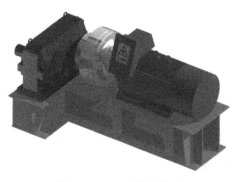

图 2-53　驱动装置模型

4. 带式输送机钢结构件

带式输送机钢结构件主要包括滚筒支架、托辊支架、驱动装置架、漏斗溜管、导料槽、拉紧装置、中间架等。钢结构的设计特点是：同种类型的钢结构件，结构相似，主要通过参数化与其支撑的设备相关联，例如头架（图2-54）的参数，主要与其上安装的滚筒的参数相关联，滚筒选型的变化会影响滚筒架的变化。可以先在模型库中作出一部分常用滚筒架的模型，具体设计时再通过参数的关联进行细节修改。

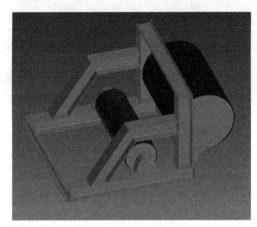

图2-54 头架模型

5. 带式输送机整机

主要设备及典型钢结构件的三维建模都是为了得到一整条的带式输送机整机，有了典型的设备库，建立带式输送机整机时只需要将不同的部件按照需求进行修改和装配，即可得到带式输送机的整机模型。

整机模型主要参照工艺图的布置，对工艺图中的部件进行逐级装配。主要设计流程为：

（1）先根据带式输送机工艺布置图确定各个滚筒的位置，通过受力计算选择各个滚筒的轴径及轴承大小，确定滚筒型号，装配滚筒支架，修改及调整滚筒支架的结构大小及尺寸；

（2）根据计算选型装配驱动装置各个设备，装配驱动装置架，修改及调整驱动装置架的结构形式及尺寸；

（3）选择拉紧形式，装配拉紧装置，调整其结构形式及尺寸；

（4）装配导料槽；

（5）创建中间架及支腿；

（6）装配托辊及托辊支架；

（7）根据上下游皮带的相对位置关系装配漏斗、溜管，调整形式及尺寸。

6. 带式输送机栈桥

带式输送机栈桥的设计一般采用 Revit 和 Midas 软件。通过 Midas 搭建栈桥结构三维模型，并依据设计规范开展构件选型和结构计算分析，核算满足规范要求后，将 Midas 模型导出为 Revit 模型，在 Revit 中进行局部构件的模型处理，再与带式输送机、电气、给水排水等相关专业进行模型整合，进而实现综合协调设计（图 2-55）。

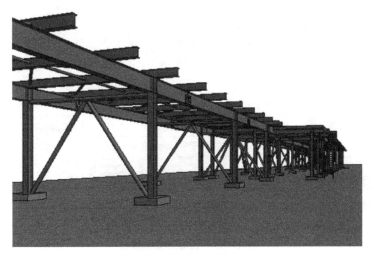

图 2-55　栈桥模型

7. 水暖电控关联专业建模

水暖电控专业模型的建立，主要通过 Revit 设计软件。在整体设计选型完成后，依据带式输送机系统和转接机房模型，建立带式输送机及机房内配套的水管、风管、高杆灯、电缆桥架、保护开关等管道设备族库（图 2-56）。

图 2-56　水暖电控整合模型

8. 模型整合

完成模型搭建整合之后，对各专业模型之间进行碰撞检测，带式输送机系统使用 Inventor 作为设计工具，机房及栈桥使用 Revit 建模，电气专业、环保专业使用 Revit MEP 建模。各专业进行三维建模时使用相同的坐标原点及平面，建模完成后通过 Navisworks 软件进行巡游以及各专业之间的碰撞检查（图 2-57）。

图 2-57　各专业模型整合

9. 模型输出

完成综合协调和整合后的模型可以设计出图，开展基于模型的施工管理，并在过程中不断更新和丰富模型信息，为基于 BIM 数字化交付和后期运行维护提供数据的传递。

三、应用案例

以黄骅港一二期提能改造项目 BIM 技术应用为例，介绍一下 BIM 技术在带式输送机中的应用，主要包括以下内容：

（1）设计阶段模型搭建；

（2）基于 BIM 的协同深化设计；

（3）深化设计阶段模型信息输入；

（4）设计模型向施工阶段的传递。

在项目实施过程中，首先建立项目 BIM 技术应用组织体系，制定管理制度，组织相关专业开展建模、应用和协同管理等工作。编制《黄骅港一二期提能改造项目 BIM 建模标准》，从模型信息、模型规划标准、工作集规划、模型命名规则及模型精度等方面对模型搭建提出明确要求，规范建模工作。

（一）深化设计方案论证

搭建原有带式输送机系统模型，搭建新建带式输送机模型，显示拆改内容，通过搭建虚拟建造场景，对比分析，论证方案可行性（图2-58）。

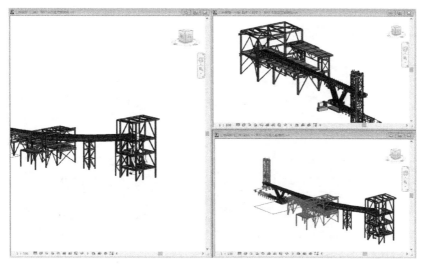

图2-58　设计方案模型

（二）三维可视化设计及表达

带式输送机系统设计时，通过创建三维模型，参数化驱动，提升设计效率，更好地表达设计意图，突出设计效果（图2-59）。

图2-59　参数化三维设计

钢结构设计，采用Midas搭建结构专业模型进行分析计算（图2-60），导出IFC格式的文件，然后在Navisworks软件中进行带式输送机、供电、给水排水等多专业的模型整合协调。结果核算完毕后，将调整后的结构布置和构件截面等信息输入Navisworks，再与其他专业的模型进行综合协调和正确合理确认。

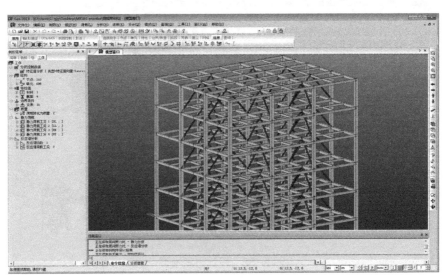

图2-60　钢结构计算模型

（三）多专业协同设计

利用模型进行多专业间的协同设计，通过碰撞检查，消除专业间的冲突，减少设计错误，提高设计质量（图2-61）。

图2-61　综合协调模型

（四）性能分析

将搭建的机房曲线溜槽模型导入到 EDEM 进行物料分析，调整优化漏斗的尺寸和型式（图 2-62），更好地实现溜槽防堵束料抑尘对中功能。

图 2-62　EDEM 料流分析模型

（五）详细设计阶段工程量统计

根据设计模型，统计设备和结构的工程量，形成采购清单，辅助进行设备和钢结构的采购工作（图 2-63）。

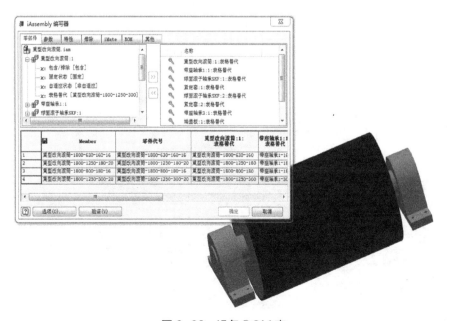

图 2-63　设备 BOM 表

（六）虚拟仿真漫游

利用 BIM 软件模拟建筑物的三维空间，通过漫游、动画形式提供身临其境的视觉和空间感受，及时发现不易察觉的缺陷和问题，如设备间空间位置确认、维修使用方便性验证等，如图 2-64 所示。

图 2-64　整体模型漫游

（七）搭建可传递的详细设计模型

在详细设计过程中，将设备的选型要求及参数、结构材料以及施工过程中需要关注的重点等信息输入到详细设计模型中，并按照施工阶段模型应用的模型颗粒度要求进行模型搭建，最终形成可继承的模型成果（图 2-65）。

图 2-65　整体设计模型

第三章

煤炭码头绿色环保技术

第一节 概　　述

绿色生态码头的建设是时代发展的需要，也是增强港口核心竞争力、实现可持续发展的根本途径。如何做好煤炭码头绿色生态节能工作，是行业从业者持续思考研究和实践应解决的课题。

散货码头物料扬尘对大气环境、水环境影响严重，一直是环保治理的难点。煤炭码头通常采用传统的露天堆存方式，除了港区转运装卸过程中产生粉尘，堆存期间的扬尘也对周边区域造成污染，输送和堆存时采取洒水抑尘措施和生产冲洗用水还会产生大量冲洗含煤污水。

这些问题不仅造成煤炭码头周边大气污染、水域污染，而且影响周边居民日常的生活，对码头工作人员和居民的身体健康造成危害。因此，如何建设低碳绿色煤炭码头，已成为我国煤炭码头日常运营和管理过程中急需解决的问题。

本章项目应用实践，就煤炭码头清洁生产、绿色节能和生态水循环体系的应用技术和系统解决方案进行阐述和探讨。

第二节　翻车机绿色环保技术

一、翻车机翻卸作业起尘分析

翻车机翻卸作业对物料进行倾倒过程中，会产生大量的粉尘。起尘主要表现在：

（1）翻车机在倾卸物料时，物料在空气中以一定的速度运动，带动周围空气随其一起流动，产生诱导空气，诱导空气又会卷吸一部分粉尘。粉尘与粉尘之间碰撞和挤压、粉尘与漏斗壁面之间碰撞和挤压、物料在半封闭空间中下落时空气受到扰动、粉尘被剪切压缩尘化，造成产生大量的粉尘。

（2）物料经振动给料机落料口落在底部带式输送机上，在运输过程中产生气流，其溜槽内部产生负压区，小颗粒物料在气流作用下扬起产生粉尘。导料槽密封性能不够，粉尘在诱导风产生的正压作用下，向导料槽四周扩散，导料槽无法建立起负压状态，粉尘四处扩散。

二、翻车机综合除尘技术

（一）传统翻车机除尘系统分析

早期翻车机除尘通常采用布袋除尘加洒水除尘的方式。对于双翻翻车机，干式除尘器一般采用 LLF600 型袋式除尘器，除尘器布置在翻车机房外，翻车机基坑漏斗层布置有一圈风管，风管与室外的除尘器连接，处理风量 54000m^3/h、过滤面积 560m^2、除尘阻力 1500Pa、滤袋条数 432、过滤风速 1.5m/min。同时与流量 92296m^3/h、风压 2256Pa 的 90°离心风机配合使用，但是在实际应用中效果并不理想。首先翻车机区域空间容积比较大，要达到很好的除尘效果，所需除尘抽风量很大，造成除尘投资很大，同时滤袋要频繁定期更换，维护工作量大。

洒水除尘布置在翻车机基坑四周以及导料槽出口位置，水分子粒径大，不能很好地捕捉粒径小的粉尘颗粒，起不到降尘抑尘作用，同时，这种方式喷淋范围有限，水幕没有覆盖所有的扬尘空间，除尘效果差。另一方面，洒水除尘需要大量的工业用水，尤其在我国北方，冬季温度低，水很容易结成冰，造成洒水困难。

近年来翻车机翻卸作业处通常采用干雾抑尘系统，其产生直径 10μm 以下的微细水雾颗粒，称之为干雾。微米级干雾抑尘装置原理是由压缩空气驱动声波振荡器，通过高频声波的音爆作用在喷头共振室处将水高度雾化后喷向起尘点，使水雾颗粒与粉尘颗粒相互碰撞、粘结、聚结增大，并在自身重力作用下沉降达到抑尘的作用。

由于干雾抑尘系统使用两种形态的流体即压缩空气和水进行除尘，因此称之为双流体除尘系统。

干雾抑尘是基于空气动力学原理，在含尘气流绕过雾滴的情况下，尘粒会受惯性因素影响，偏离绕流气流，并且和雾滴发生碰撞而被捕捉。粉尘可以通过水粘结而聚结增大，但那些最细小的粉尘，如 PM_{10}～$PM_{2.5}$，只有当水分子粒径很小或加入化学剂来减小水分子表面张力时才会聚结成团。如果水雾颗粒直径大于粉尘颗粒，那么粉尘仅随水雾颗粒周围气流而运动，水雾颗粒和粉尘颗粒接触很少或者根本没有机会接触，则达不到抑尘作用。如果水雾颗粒与粉尘颗粒大小接近，粉尘颗粒随气流运动时就会与水雾颗粒碰撞、接触而粘结在一起。水雾颗粒越小，聚结概率则越大，随着聚结的粉尘团变大加重，从而很容易降落。水雾对粉尘的"捕捉"作用就形成了。干雾抑尘的喷雾粒径主要集中在 10μm 以下，对 50μm 以下的小颗粒粉尘有较好的沉降作用，然而不能及时有效地去除50μm以上较大颗粒粉尘,这些粉尘会在扰动气流带动作用下,快速扩散至周围环境造成污染。因此纯粹的干雾抑尘还是有一定的局限性。

(二)单流体与双流体综合除尘系统

1. 除尘原理

单流体与双流体综合除尘系统将水喷雾(单流体)与除尘和干雾(双流体)抑尘方式相结合,综合了单流体除尘与双流体除尘特点,克服了水雾粒径范围狭窄的缺点,显著提高了系统对无组织排放粉尘的除尘效率。

单流体与双流体综合除尘系统通过不同类型的喷嘴,形成直径不同的水雾颗粒。其中,单流体采用洒水除尘技术,利用喷嘴形成直径为30~100μm的水雾;双流体采用气水混合除尘方式,利用压缩空气驱动的声波振荡器,通过高频声波将水高度雾化,形成直径1~30μm的水雾,通过喷嘴喷向起尘点。水雾与粉尘颗粒相互接触、碰撞、凝聚变大,并在自身重力作用下沉降,完成整个抑尘过程。不同类型的喷嘴可以产生不同的喷雾效果。系统工艺流程如图3-1所示。

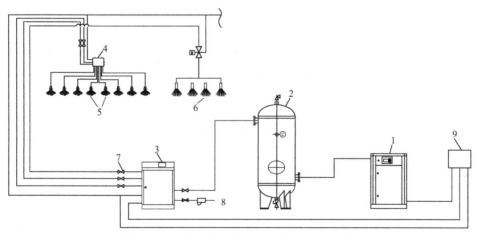

图3-1 单流体与双流体综合除尘系统工艺流程图
1—空压机;2—储气罐;3—智能喷雾主机;4—水汽分配盒;5—双流体喷嘴;
6—单流体喷嘴;7—阀门;8—水源;9—配电箱

微米级干雾抑尘系统通常采用模块化设计技术,由微米级干雾机、螺杆式空气压缩机、储气罐、配电箱、喷雾箱控制器、喷雾箱喷雾器总成、水汽连接管线、电伴热带和控制信号线组成。

2. 翻车机区域粉尘颗粒度分析

翻车机系统翻卸作业会产生大量煤尘,最底层为落料底点,粉尘颗粒较大,除尘所需水雾化颗粒较大,适合采用单流体喷嘴来抑尘;落料中点漏斗层空间处为中大颗粒粉尘聚集处，粉尘颗粒一般为100～250μm，适合采用单流体精细雾化喷嘴，其雾化颗粒为100～250μm，与粉尘颗粒接近；在落料点0m标高处及落料漏斗格栅处尘埃颗粒较小，粒径一般在100μm以下，适合采用空气雾化喷嘴，其雾化颗粒在100μm以下，由于雾化水珠颗粒和尘埃颗粒粒径相似或者相同，粉尘颗粒受雾化颗粒吸附而逐渐聚结成粉尘颗粒团，粉尘颗粒团由于自身的重力作用而沉降，达到除尘目的，同时起到封尘作用。

3. 单流体与双流体综合除尘系统组成

单流体与双流体综合除尘系统主要包括智能喷雾主机、空气压缩机、储气罐及除油除尘过滤器、多级过滤、喷雾箱控制器、喷雾箱喷雾器总成、喷嘴等。

4. 翻车机单流体与双流体综合除尘系统的布置

（1）双流体喷雾末端设施布置（图3-2）集中于翻车机基坑四周上沿，包括水汽管路、喷雾箱、控制器等。

图3-2 翻车机基坑边缘双流体喷雾抑尘设施布置示意图

（2）单流体喷雾末端设施主要布置在翻车机上、受煤漏斗两侧、翻车机倾翻侧和背翻侧区域。

1）翻车机上喷水管道系统

管道系统纵向布置在翻车机上，安装在车厢位置靠车板侧上方。喷水管道上的喷嘴在翻车机旋转约40°时开始喷水，卸完煤停止喷水。

2）受煤漏斗两侧喷水管道系统

翻车机下部设置两条喷水管道系统，分别布置在漏斗上部的两侧。每条管道上设置两种喷嘴，一种为射程较远的圆锥形，一种为射程较近的伞形，两种喷嘴间隔安装，两条管道上的喷嘴相对喷水所形成的水幕覆盖整个漏斗上口。

3）翻车机倾翻侧和背翻侧喷水管道系统

翻车机倾翻侧和背翻侧喷水管道及喷嘴布置于坑内合适高度，以解决双流体对粒径大于50μm粉尘抑制能力不足的问题。

喷水管道系统设置足够数量的喷嘴，使喷嘴喷水所形成的水幕能够有效抑制翻车机卸煤全过程中产生的煤尘。翻车机单流体与双流体综合除尘系统布置如图3-3所示。

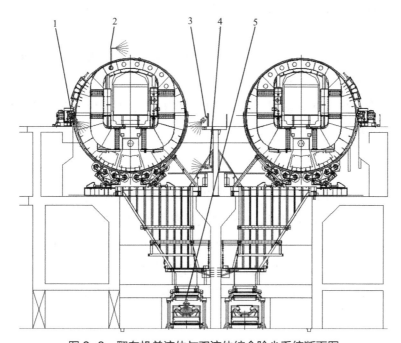

图3-3 翻车机单流体与双流体综合除尘系统断面图
1—翻车机后侧喷雾箱；2—机上单流体喷嘴；3—翻车机前侧喷雾箱；4—受料斗层喷雾箱；
5—振动给料机出料口双流体喷嘴

4）翻车机单流体与双流体综合除尘系统的控制

单流体与双流体综合除尘系统与翻车机翻卸作业联锁，根据翻车机的旋转角度和卸车时的起尘规律设定，实现翻车机除尘的自动控制。

三、翻车机长效本质抑尘技术

（一）技术原理

煤炭装卸和运转过程中扬尘和含水率具有密切关系，将煤炭含水率控制在合适的数值范围，能最大程度降低输送过程中粉尘。传统洒水除尘主要采取哪里起煤尘哪里洒水的方案，并没有充分考虑让煤炭与水均匀混合，从而使煤炭整体含水率保持一致，虽然煤炭码头输送的各起尘环节如翻车区域、带式输送机转接塔、堆场、装船等均设置了洒水除尘装置，但效果并不理想，对起尘点的扬尘具有一定的抑制作用，但仅是物料表层达到了一定的含水率，物料经过转接输送到下一条带式输送机时，又进行了重新分布，这样就造成了洒水除尘设备多、成本高、管理复杂，且用水消耗量大。如果使煤炭保持在合适的含水率，则可控制其在待港期间整个中转过程中起尘最小，达到本质抑尘效果。

以专业化煤炭卸车装船码头为例，研究不同煤种含水率与扬尘之间的关系，从物料源头出发，通过与翻车机底部振动给料机相结合的分层洒水系统，在振动给料的过程中让煤炭与水均匀混合，精确控制洒水量，将物料含水率控制在合适范围。在翻车机底层振动器给料漏斗和溜槽上面设计安装喷嘴、电磁阀等洒水降尘设备，实现分层洒水、均匀混合，使煤炭在通过带式输送机、转接塔、堆料机等的传送过程中各个环节粉尘接近零排放。

（二）结构组成

双翻翻车机底部有5个漏斗，每个漏斗内部安装有洒水管路（图3-4），四翻式翻车机结构类似，由9个漏斗组成。这种煤炭卸落在不同漏斗的分散布置型式，通过设置多处同时洒水的方式可以更加有效确保煤炭与水均匀混合。洒水除尘装置通过在漏斗下部振动给料机的出口部位内侧布置喷头对物料进行洒水，物料未落入下游带式输送机之前，在振动过程中可以充分保证与水均匀混合，确保煤炭内部含水率一致。

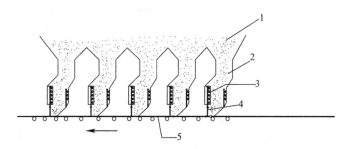

图3-4 喷头分布结构图

1—翻车机漏斗；2—振动给料机；3—喷头；4—支路供水管；5—带式输送机

煤炭码头装卸的煤炭种类较多，鉴于不同煤炭本身的含水量以及颗粒大小、成分组成存在着一定的差异，因此，对于不同煤炭的装卸生产产生的扬尘量及抑尘的条件也不同，通过试验测定建立不同煤种的含水率控制模型，开发智能含水率控制程序，通过控制电动阀打开时间以精确控制洒水量，从而对不同煤种进行洒水抑尘，保证了抑尘效果，同时精准控制洒水量，节省了水资源和使用成本。

（三）煤炭含水率检测装置

在实现洒水量与煤炭均匀混合的同时，需对进港煤炭的含水率进行自动检测，保证将含水率控制在一定范围内。为解决这个问题，在翻车机底层出料口安装含水率在线检测设备，系统可根据检测结果对洒水量进行监测和自动调节，确保煤炭含水率在恒定的范围内，既可避免由于过多洒水造成煤炭黏度过大影响生产，也可杜绝由于洒水量不足产生的扬尘污染问题，达到本质抑尘的目的。

煤炭含水率在线检测装置采用微波式水分检测仪，具有非接触、稳定、精确的优势。微波水分仪是利用微波穿透来实现含水率检测的。当通过不同含水率的物料时，微波在传播方向上的强度及传播速度会发生一定的变化，含水量高的物料会使微波的传播速度变慢，强度减弱。微波水分仪就是通过检测在穿过物料后微波的这两种物理性质变化来计算物料中的水分含量。通过设置在漏斗底部带式输送机下方的天线发射出微波信号，信号穿过煤炭后，由上方安置的天线接收。系统对穿过煤炭的物料信号进行精确的分析，推算出物料中水的质量分数，并将结果实时输出，反馈到控制系统及监控中心。

翻车机底部分层洒水系统接入翻车机控制系统，实现与翻车机的作业联锁和过程数据信息融合，通过翻车机控系统可以实时查询每列车次的洒水情况及所卸垛位信息，实现对每列车的煤炭含水率的实时监测。

第三节　堆场单机绿色环保技术

一、堆场单机智能泵站与大臂智能洒水技术

煤炭在堆场堆存期间，易造成垛堆表层水分散失，含水率下降，低含水率的煤炭会在风力的作用之下扬尘，对空气造成污染，同时又会在后续的输送过程中产生扬尘，因此需要及时对堆场垛堆表层进行补水。补水一般通过堆场两侧的洒水喷枪进行洒水喷淋，但是喷枪洒水轨迹为圆弧形，不能保证精确均匀洒水，垛堆覆盖区域存在盲区较多。同时，这种方式耗水量大，防尘、固尘效果不明显，而且产生的大量含煤污水。

单机智能泵站与大臂智能洒水系统是一种专为实现堆场垛堆表层含水率控制的设备。通过该装置，利用堆料机的非作业时间对堆场煤堆进行洒水抑尘，降低堆场的粉尘浓度。

单机智能泵站与大臂智能洒水系统集自动上水系统、增压给水系统、喷淋洒水系统及配套智能化运行的综合智能洒水控制系统于一体。单机智能泵站与大臂智能洒水系统通过在原堆料机设备上增加水箱和喷淋装置，并将控制系统接入单机控制系统实现。移动单机自动上水控制技术通过在单机行走沿线设置自动上水点代替连续供水槽，解决北方冬季用水困难问题。开发水箱远程监控系统和单机移动防碰系统等，实现移动单机定点自动补水功能。智能泵站（图3-5）设置在单机上，主要包含水箱、泵站及管路系统、电伴热保温装置、电控系统等设施，采用集成泵站的形式，除出水口连

接法兰外其他所有设备集成在箱体内。

考虑北方冬季气温低,为防止水箱用水结冰,智能泵站设置电伴热保温装置,箱体内外两层不锈钢板中间采用保温阻燃环保材料,满足码头冬季除尘供水使用需求,箱体容量为 15m³ 左右,保证半小时用水量。集成泵站水箱箱体强度充分考虑大机行走急停状况下的惯性力作用,采用不锈钢拉筋加强强度,水箱内部加装隔板,减轻设备运行中箱内水流动带来的惯性力。喷头沿堆料机臂架均匀布置,形成连续水帘,堆料机沿堆场匀速行走,边行走边洒水,保证堆场堆垛全覆盖均匀洒水,实现对垛堆含水量的有效控制,解决堆垛水分蒸发造成的起尘问题。

控制系统主要负责自动采集各类传感器数据,储存、分析处理后控制末端设备的智能化运行,包括保持管路出口压力恒定、水箱液位超高/超低报警、泵站内温度过高降温控制、泵站内低温加热控制、泵站内漏水停机控制等。

图 3-5　智能泵站布置图

二、堆场单机撒漏煤回收治理技术

由于技术发展和环保需求差异,现有散货码头堆场单机设计对环保方面考虑不太完善,未充分考虑到扬尘治理和撒料回收,导致现有堆取料机在装卸作业中,多个环节出现煤尘撒漏较为严重情况。如堆场单机尾车皮带下方撒漏煤,导致从地面带式输送机运送过来的煤炭通过堆取料机尾车时,大部分物料通过尾车头部滚筒处皮带清扫器的作用下落入尾车漏斗,经过堆料机悬臂带式输送机卸到堆场。但是因清扫器清扫效果有限,一部分湿黏物料附着在皮带表面,伴随皮带越过清扫器,尾车回程皮带下方处产生大量煤泥撒落。

为解决撒落料问题,可以增加一道回程清扫器或者在回程皮带处增加一套回程清扫箱(图 3-6)。回程清扫箱与带式输送机清扫器相结合,可有效去除回程皮带上 90% 以上的黏料,实现物料输送的清洁生产。回程清扫箱主要由喷水装置、清扫器、除水器、压带托辊组、物料回收装置、智能检测系统、智能控制系统等组成。

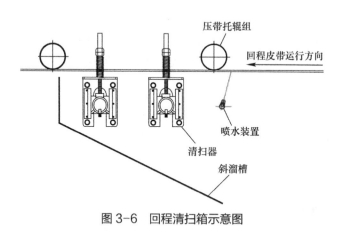

图 3-6　回程清扫箱示意图

另外,可以对尾车进行改造,设置尾车接料板,布置在带式输送机回程皮带下方,皮带附着的物料在重力的作用下落入接料板中,实现有组织回收,同时还可以对跑偏撒落物料进行接收,解决了单机撒落煤对环境的污染。

三、堆场单机漏斗设计改进

装卸设备单机使用过程中,随着取料机、堆取料机中心漏斗、堆料机尾车中心漏斗使用年限的增加,再加上取料机和堆取料机的悬臂带式输送机与地面带式输送机、堆料机和堆取料机的尾车带式输送机与悬臂带式输送机之间具有较高的垂直落差,导致漏斗需要承受较大煤炭冲击力,因此,导致中心漏斗出现严重的磨损,并且漏斗体长期使用容易出现开裂与变形等问题。

当单机中心漏斗衬板出现磨损的情况时,会因为生产任务和生产需求而导致无法及时停机更换衬板,漏斗出现开裂和变形的现象,致使煤炭落入到回转机构,导致回转大轴承和回转减速器出现卡顿和迟滞问题。中心漏斗的开裂和破损,还会导致物料撒落在堆、取料机的轨道沿线,需要大量的人员对其进行清理。

为解决上述问题,对中心漏斗有以下系列改进措施。

(1)中心漏斗结构优化。在设计过程中通过物料输送轨迹模拟仿真确定设备剧烈磨损区域,针对磨损严重的区域对漏斗外形进行调整,降低物料对漏斗的冲击,同时降低衬板磨损程度,延长设备使用寿命。更为重要的是对漏斗出口的改进,根据物料在漏斗中的运行轨迹来确定漏斗的出料弧度,对出料口进行曲线过渡,最大限度地保证物料沿漏斗的切面方向运动，降低物料在方向改变过程中对设备的冲击，减少对下游输送机皮带的冲击。

（2）中心漏斗衬板选型优化。在中心漏斗上安装复合型耐磨衬板，复合型耐磨衬板具有可更换、便于拆装的特点，安装在中心漏斗与物料之间接触的部分，基板可选择 12mm 厚的 Q235 钢板，表层选择 8mm 厚的高铬合金耐磨层。由于耐磨衬板厚度增大，因此可以使耐磨衬板的使用周期得到有效延长，尽可能减少工作人员的维修次数，降低维修工作量。另外，由于耐磨衬板的表面不易积累物料，中心漏斗不会出现起拱、物料积堵和不正常积料的情况。

（3）增加纠偏装置。纠偏装置可以增设在中部漏斗与下部漏斗之间，利用调节螺杆对物料下落的位置进行调节。当悬臂带式输送机转动到不同角度的时候，对物料下落的位置偏向进行调节，尽可能避免物料下落时偏离原定的地面带式输送机位置，并且在纠偏装置上增加密封、防尘、隔尘的挡板，避免物料以及粉尘从漏斗部位溢出后进入到回转机构大轴承内部。

通过对现有堆取料机中心漏斗存在的不足进行分析后，采取相应的改进措施，改进后的中心漏斗不仅使堆取料机有效解决了撒漏煤问题，降低了堆取料机中心漏斗发生故障的频率，且使用寿命得到有效延长。

第四节 装船机绿色节能技术

一、装船机撒漏煤自动回收技术

装船机作业过程中，装船机尾车带式输送机和悬臂带式输送机处存在撒落料以及在雨天粘煤的工况下，悬臂皮带回程存在撒落煤泥的现象，同时由于装船机作业过程中有大料头以及俯仰作业等工况，撒落煤现象无法避免。装船机在作业过程中需要来回行走，撒落料和煤泥对装船机本体和码头面的污染都比较严重，对码头生产作业环境和周围生态环境造成很大的影响，并且需要投入大量的人力和物力进行专项的清扫和收集。

装船机臂架作业过程中撒落的物料除了一部分撒落到码头上外，还有部分滞留在悬臂带式输送机走道以及回程皮带上，在臂架仰起时又撒落到门架以及码头面上，造成二次污染，因此，在装船机悬臂带式输送机下方设置接料板以及附属装置，工作时撒落的物料可暂存在接料板上，待臂架扬起时自动回落到收料漏斗里，由收料漏斗回流到地面带式输送机上，暂存在带式输送机头部可开启漏斗内，实现积煤的定时集中清理。

装船机撒落料清洁生产装置（图3-7），主要由接料板、带盖板存煤斗、电动推杆、回收溜槽、辅助清理装置和电气控制系统等组成。接料板可以收集装船机作业时撒落的物料，臂架俯仰时将接料板上物料统一收集至带盖存煤斗。当臂架放平，存煤斗和漏斗对齐时，通过带盖存煤斗下方的电动推杆打开带盖存煤斗，将煤斗中的物料输送至码头带式输送机上。当有黏煤或冬季冻煤时通过辅助清理装置进行物料的清理和收集。

装船机臂架防撒落料装置共包括以下6个组成部分：
（1）接料板，收集撒落料；
（2）漏斗，保存收集的撒落料，带盖以防止煤漏出；
（3）溜槽，将存煤斗里的煤放回至码头带式输送机上；
（4）排水装置，收集排放雨水和撒落料中的废水；
（5）辅助清理装置，当有黏煤或冬天冻煤时进行辅助清理和收集；
（6）电气控制系统，系统的自动控制、检测、报警等电气装置。

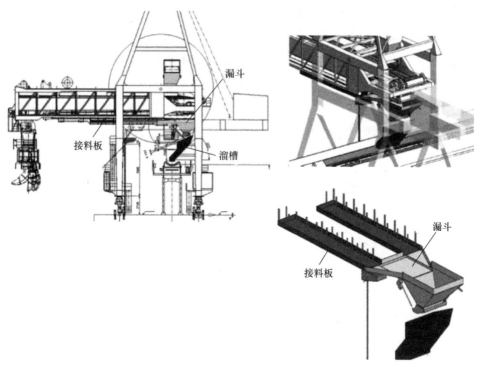

图3-7　装船机臂架防撒落料装置布置图

装船机臂架防撒落料装置主要工作原理是通过在带式输送机两侧设置接料板回收撒落煤炭，可防止煤炭撒落到码头面上；在臂架仰起时，接料板上的煤将流向设置在悬臂带式输送机尾部的接料漏斗里，此时接料漏斗的出口闸门处于关闭状态，在臂架处于水平时通过电动推杆打开接料漏斗的闸门，煤炭通过与门腿固定在一起的落料溜槽流向地面带式输送机，完成撒落料的自动收集。

为了保证物料在冬天或者有粘煤的时候顺利回收，在接料槽的下部设置辅助清理装置，由振动电机以及辅助电加热装置组成。当有粘煤或冬天冻煤导致接料板上的撒落料无法自动回收到漏斗中时，通过启动辅助清理装置进行振动和加热，实现撒落料自动回收。

存煤漏斗下方闸门设置打开和关闭限位开关，臂架俯仰时闸门处于关闭位置，系统设置报警装置，如臂架需要俯仰而闸门未关闭，系统将报警提醒关闭闸门。

二、装船机尾车漏斗设计改进

装船机由地面皮带供料至尾车，通过尾车漏斗转运到装船机悬臂皮带上。不少装船机因漏斗设计问题，在运行中经常会引发漏斗堵塞，悬臂皮带跑偏等，并且一定运行时间运行后装船机漏斗出现磨损，致使漏斗体出现开裂与变形等问题，影响生产作业。

现场通常采用加长导料槽、优化漏斗衬板等方式处理，但是装船机在运行一段时间后，仍然会出现落料点不正、漏斗积煤、撒料等现象，导致设备故障率增加。进一步的解决方案是改进传统的尾车漏斗设计，结合 BIM 技术和 EDEM 物料分析软件设计出可适配的曲线溜槽（图 3-8）。曲线溜槽替代原有的垂直漏斗模式以防止堵料，物料沿漏斗溜槽内壁平滑运行，减少物料堆积和堵料。同时控制物料进入漏斗时的切入角，配合底部给料匙的结构能够汇集约束物料沿切线方向落入下游悬臂带式输送机，减少物料下落过程的分散性，降低物料冲击，保证落料点对中，防止跑偏，减少粉尘。衬板可选用陶瓷衬板替代原有的铁质衬板，增加漏斗内壁的耐磨性和光滑性。

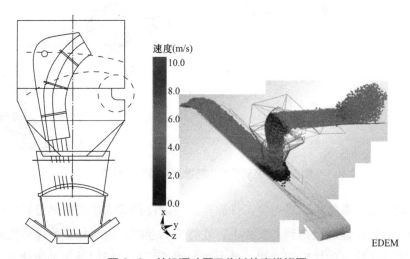

图 3-8　单机漏斗图及物料仿真模拟图

清洁生产是煤炭码头发展进步本质需求，从设计之初就应予以详细考虑，从源头上采用综合的防治方案。

第五节　带式输送机绿色节能技术

一、物料转运绿色技术

（一）漏斗溜槽绿色转运技术

煤炭转运过程的扬尘、撒落等现象一直以来都是行业内比较棘手的问题，从未有效根除，国内外煤炭码头均受到上述问题的困扰。产生扬尘、撒落主要原因包括转运站高落差设计，物料垂直下落，对溜槽及皮带造成严重冲击。物料高速下落，产生强烈诱导风引发粉尘逃逸，造成转运站内粉尘浓度严重超标。另一方面，溜槽与漏斗等宽设计，无法汇集物料，物料对溜槽衬板冲击剧烈，物料落在下游皮带上成形差，极易跑偏、撒料。

国外对上述问题的研究已经开展一段时期，通过规划物料运行轨迹的曲线溜槽技术可以很大程度上解决这些问题。目前，国内对曲线溜槽技术进行了更深入的研究和产品转化，该技术已经广泛应用于带式输送机溜槽性能提升设计中。

曲线溜槽是在传统设计溜槽 BIM 模型基础上，通过 EDEM 软件仿真分析，对输送物料进行动态仿真模拟，优化溜槽设计结构，实现防堵、束流、对中和抑尘（图 3-9）。

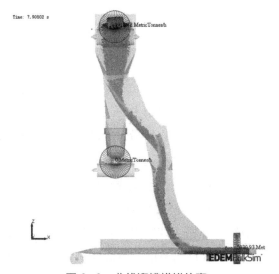

图 3-9　曲线溜槽模拟仿真

曲线溜槽常规整体横截面使用多边形溜槽截面，能够汇集物料，避免出现方形直角和圆形底部积料，导致受力不均的情况，各类型溜槽截面受力分布如图3-10所示。突变的扩容溜槽腔体，能够破坏诱导风递增规律，有利于减小诱导风速，降低粉尘浓度。曲线溜槽的底部结构为U形，有利于汇集物料，采用适当的曲率半径减小物料冲击，稳定流速，降低诱导风速和粉尘。位于末端的收口、扩容结构的末端给料匙，进一步汇集物料，减小物料对皮带的冲击，修正料流方向，保证料点对中和良好的堆形，避免皮带跑偏撒料。

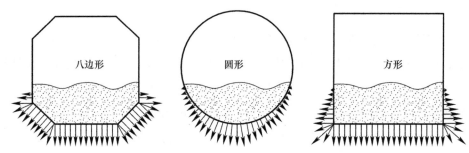

图3-10 溜槽各形状横截面对比

采用曲线溜槽对比传统溜槽主要有以下优点：

（1）束料。将散开的物料流集中，使物料流主体的扩散降到最低。由于物料散开和流速过快形成的断流会形成真空，从而吸入外面空气进入物料流形成诱导风，使物料集中可以尽量减少这类问题产生。

（2）降低物料冲击。曲线溜槽能够尽量减小物料流对落煤管壁冲击的角度和力量，减少冲击产生的粉尘，同时又能保持尽可能多的动量，防止堵料。理论上，冲击角度不能超过20°。

（3）减少粉尘产生。使物料流沿落煤管壁以可控制的速度向下移动，避免物料流速过快引起断流或者带入过快流速的空气。落煤管提供弯曲的下降平滑线路，这个过程同时还可以解决堵料问题。

（4）控制物料落速。根据物料在溜槽中的运行轨迹来确定溜槽的出料弧度，对出料口进行曲线过渡，最大限度地保证物料沿溜槽的切面方向运动，以便物料的移动方向与皮带运行方向相同，而且其速度接近下游带式输送机的带速。给料匙可以以适当的速度、从适当的角度将聚集的物料引至接收皮带的中心，从而减少皮带冲击、皮带磨损、粉尘产生、偏心加载、耐磨衬板的磨损以及其他问题。

曲线溜槽设计过程中针对溜槽中部磨损严重的区域，通过物料输送过程的模拟仿真（图3-8）确定出剧烈磨损区域的范围，将此区域改造成法兰连接模式，当此区域出现磨损需要修复时，通过法兰连接段拆卸，对其进行整体更换或维修，从而降低维修难度，提高维修效率。更为重要的是底部溜槽的改进，同样根据物料在转接漏斗中的运行轨迹来确定溜槽的导料弧度，对物料改向和卸料处的高冲击点进行圆弧曲线过渡，最大限度地保证物料沿溜槽的切面方向运动，减小对物料前进速度的影响，降低物料在方向改变过程中对设备的冲击。

除了曲线溜槽的设计，还应注重衬板的选择。目前广泛应用的耐磨材料主要有高锰钢，低、中合金耐磨钢和高铬铸铁。高锰钢具有冲击硬化特性，但输送过程中煤炭冲击程度有限，不足以使高锰钢的奥氏体变成坚硬的马氏体，因此，高锰钢衬板对于煤炭来说耐磨性不足。低、中碳合金，如16Mn，韧性很好，但通过渗碳淬火得到的表层硬化层只有2~3mm，失去硬化层以后，磨损就会加速。高碳合金马氏体钢，如65Mn和高铬铸铁，硬度高、耐磨性好，但热处理后基体往往转变成为硬脆马氏体，韧性较差，衬板使用后期，容易产生脆性剥落甚至开裂。衬板常见的失效形式主要是磨损、开裂。几种常用耐磨材料比较如下：

（1）铸铁衬板。铸铁在工程中是较常用的耐磨材料，铸铁按碳的析出状态和断口颜色分为灰口铸铁、白口铸铁及麻口铸铁三种。其中，用作衬板的铸铁硬度在HB100~HB300，与一般钢材相似，这种铸铁中的碳除少量溶于铁素体外，其余部分以化合状态的渗碳体析出，断口呈白亮色，质地坚硬，不能进行切削加工，主要用来制作耐磨的零部件。其缺点是该材料很脆，不能承受较重的冲击载荷。

（2）高锰钢衬板。高锰钢是应用最广泛的一种耐磨材料，高锰钢的化学成分一般控制在 $w(c)=1.0\%~1.4\%$，$w(Mn)=10\%~14\%$，$io(Si)=0.3\%~0.8\%$，$a>(S)^\wedge 0.05\%$，$w(P)=0.08\%$ 范围之内。由于高锰钢在加热到一定的温度并经过水中淬火处理后，有较高的强度和韧性，并有良好的耐磨性和无磁性等独特的综合性能，因此在冶金、化工、煤炭等行业都用它作为耐磨材料。虽然高锰钢通过淬火后其表面硬度可达HB500~HB550，然而这种材料的淬透性很差，淬硬层很浅，使整体耐磨性能难以提高。实际上，其良好的耐磨性能是在强烈的冲击负荷作用下其表层不断发生硬化而获得的，如果不具备足够大的抗冲击负荷，工况又以静摩擦为主，则高锰钢的优越性就不能表现出来，其耐磨性能甚至和一般中碳钢相差无几。

（3）氧化铝陶瓷衬板。氧化铝陶瓷衬板分为92氧化铝耐磨陶瓷和95氧化铝耐磨陶瓷，其中92氧化铝密度是3.6，硬度是莫式9级。95氧化铝陶瓷衬板的密度在3.65左右，硬度也是莫式9级。这种衬板因为具有极好的硬度因此表现出极佳的耐磨特性。其特点为：

① 不粘料不堵料。由于陶瓷具有高强度、耐腐蚀特性，有效解决了设备沾料堵料现象。

② 重量轻。陶瓷的密度是钢铁的1/2，用陶瓷耐磨衬板取代钢铁衬板能够减轻设备

重量。

③施工方便,衬板安装后无间隙。

④衬板可扭曲,适合在异形设备上安装。

但是氧化铝陶瓷衬板比较脆,韧性不足,在冲击力比较大的情况下,容易出现破损;热冲击性能不好,急冷急热的情况下容易出现爆裂,并且氧化铝陶瓷衬板价格极高。

(二)伸缩给料装置绿色技术

带式输送机伸缩给料装置应用于输送系统的物料转运点,能够在不提升上游带式输送机高度情况下,实现对下游多路输送机的换位给料,提升工艺流程灵活性。

带式输送机伸缩给料装置布置在输送机头部,通过驱动装置拖动行走小车沿轨道移动进行工位转换,实现对多路带式输送机的定位给料。伸缩给料装置(图3-11)主要机构包括机架、行走车架、行走驱动装置、车架头部改向滚筒、车架尾部导向滚筒、托辊组、头部护罩与漏斗、清扫器等。其中,车架上装有头部改向滚筒、尾部改向滚筒、头部护罩、落煤斗、托辊等,由驱动装置驱动,沿轨道水平移动,实现系统多点给料作业。

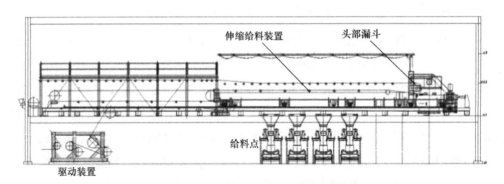

图3-11 带式输送机伸缩给料装置示意图

带式输送机伸缩给料装置根据工艺布置需要可实现多工位多点作业,与传统漏斗相比系统布置更为灵活。按其托辊变位可分为托辊穿梭式和托辊平移式,按其行走方式可分为链条传动轨道行走方式和齿条传动轨道行走方式;根据工艺系统布置要求可分为高支架式和落地式布置形式。高支架布置形式即伸缩头被高支架支撑在被交叉换位的带式输送机的上方,两者布置在一个空间;落地式布置形式即伸缩头布置在被交叉换位的输送机顶部的某个区域,两者被布置在两个空间。一般多采用落地式布置形式。

带式输送机伸缩给料装置能够最大限度降低转运站的空间高度,可节省带式输送机长度,减少设备投资。同时可降低煤流落差,降低物料对输送机的冲击,减少粉尘对环境的污染,改善转运点的运行条件。

(三)导料槽区域绿色技术

物料在带式输送机输送转运过程中经常出现回程带料、转接落料区域撒落料、扬尘等现象。合理控制物料的流速,保证物料的对中,避免皮带的跑偏撒料是解决这些问题的关键。曲线溜槽技术应用在很大程度上解决了这些问题,但溜槽内部形成的诱导风是粉尘的外逸和扩散的载体,要想控制好粉尘的浓度,加装性能良好的导料槽也是必不可少的。

导料槽(图3-12)的主要作用是使从漏斗落下的物料集中到输送带的中部,约束物料不往外撒落、粉尘不外泄。传统导料槽由前段、中段、后段三段组成,三段之间的区别在于导料槽的前段是在中段的基础上添加防尘橡胶帘,导料槽后段一般配有后挡板,前、中、后段都是由侧板、橡胶板、盖板及其压紧装置等构成。侧板一般用材质为Q235A的钢板制作。为防止物料从导料槽侧板底部和皮带中间的缝隙漏料,将缝隙用橡胶板密封,橡胶板的固定由压紧装置来完成。传统导料槽的橡胶密封条的耐磨性和密封效果在长时间运行后会发生衰减,当风尘涡流对导料槽形成冲击风压时,粉尘会四溢扩散。

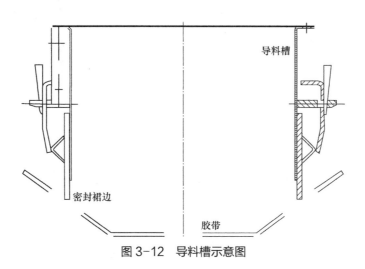

图3-12 导料槽示意图

导料槽抑尘的核心思路为,通过曲线溜槽系统,从源头降低诱导风速并减少粉尘的产生,通过导料槽分步、逐级降低风速是治理粉尘的基础,提高导料槽的密封性能,能有效抑制粉尘的扩散,同时配备专业化小型除尘设备,彻底解决剩余外逸细小粉尘问题。

导料槽内特殊设计布置沉降挡帘、抑尘单元等装置来抑制风速,含尘气流冲击在挡板上，气流方向发生急剧转变，借助粉尘本身的惯性力（如离心力、重力等），使粉尘与气流分离吸附粉尘（图3-13）。配以双层密封裙边（图3-14），达到良好的密封效果，解决撒漏料问题。

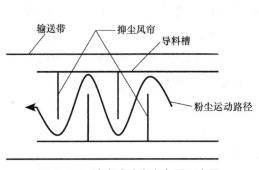
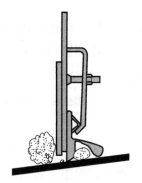

图3-13　迷宫式防尘帘布置示意图　　　图3-14　双层密封裙边

在落料点正下方安装缓冲床，用于吸收冲击并避免皮带蛇形而导致导料槽密封不严密。缓冲床（图3-15）是输送系统主要缓冲设备，可用于输送非腐蚀性的无尖刺的块状、粒状等多种物料，如煤炭、焦炭、砂石、水泥等，非常适合高落差、重物料的强冲击，防震防砸，缓冲床能够充分吸收物料下落所产生的冲击力，有效降低冲击对皮带造成的过快磨损，延长输送带的使用寿命。缓冲床不仅能够改善物料缓冲区的受力状况，而且具有很好的防尘密封效果。

图3-15　重载复合式缓冲床

（四）单流体双流体综合除尘技术

针对煤炭码头带式输送机物料输送过程中产生的粉尘，其主要除尘方式有以下几种。

1. 静电除尘

利用静电场使气体电离从而使尘粒带电吸附到电极上的收尘方法。在强电场中空气分子被电离为正离子和电子，电子奔向正极过程中遇到尘粒，使尘粒带负电吸附到正极被收集。该方式的弊端是运行成本高，在处理无组织排放粉尘方面效果较差。

2. 布袋除尘

布袋除尘器是一种干式除尘装置。当含尘气体进入布袋除尘器，颗粒大、密度大的粉尘沉降落入灰斗，含有较细小粉尘的气体在通过滤料时，粉尘被阻留，使气体得到净化。该方式的弊端是投资成本高,运行维护不便,需要定期更换布袋。

3. 洒水除尘

洒水除尘需要大量的工业用水,严重缺水的地区很容易受供水不足的制约;北方冬季如果温度过低,水很容易结成冰,不能保证常洒水;且洒水均匀度和洒水量不能很好控制,容易造成二次污染。

这些除尘方式在不同程度上存在效果不理想,运行维护不便,受环境因素影响大等弊端。因此,需要结合上述除尘方式的优缺点,研发单流体与双流体综合除尘系统产品。

单流体与双流体综合除尘系统工作机理及系统组成在本章第二节已进行描述。

单流体与双流体综合除尘系统可应用于翻车机系统、堆场、单机和带式输送机转接点。单流体与双流体综合除尘系统在带式输送机转运点应用布置如下:在头部漏斗及受料带式输送机尾部导料槽组合布置单流体喷嘴与双流体喷嘴(图3-16);通过单双流体组合、喷嘴型号选择,拓宽喷雾粒径范围,产生多样化的喷雾形式适应不同工况,实现高效快速抑尘。

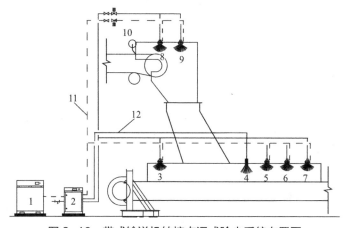

图3-16 带式输送机转接点湿式除尘系统布置图

1—空压机;2—智能喷雾主机;3—双流体锥形喷雾喷嘴;4—单流体扇形喷雾喷嘴;5、6—双流体锥形喷雾喷嘴;
7—双流体扇形喷雾喷嘴;8、9—双流体锥形喷雾喷嘴;10—煤流传感器;11—气管路;12—水管路

单流体与双流体综合除尘系统采用可编程逻辑控制器PLC控制,并与中央控制系统联锁运行。带式输送机空载运行时,单流体抑尘系统开启,水雾颗粒打湿皮带带面抑制因振动产生的皮带扬尘。当带式输送机转接点开始卸料时,物料在上部带式输送机沿溜槽下落至下部带式输送机时,因势能和动能之间的转换产生了很大的冲击力,使卸料漏斗与导料槽内的粉尘在短时间内聚集增加,卸料漏斗及导料槽内充斥着不同颗粒直径的煤尘,此时单流体锥形喷嘴、双流体锥形喷嘴同时启动,分别产生直径为

30～50μm、10～30μm 的水雾颗粒，迅速沉降与之直径大小相当的粉尘颗粒。同时，双流体扇形喷嘴产生直径 1～10μm 的水雾颗粒，形成扇形水雾保护层，防止小颗粒煤粉尘逸出，形成全范围高效快速抑尘。

单流体与双流体综合除尘系统结构简单，便于安装，用水量小，运行费用低，可大幅提高除尘效率。

二、输送带清洁技术

煤炭码头通常采用带式输送机进行物料输送，煤炭的黏度和湿度都比较大，因而在输送过程中煤炭很容易黏附在皮带上，需要对带式输送机返程皮带进行清扫。通常设计安装皮带清扫器进行皮带清扫，在工作过程中存在一定的缺陷与不足，不足以将皮带清理干净。因此，在此基础上提出皮带智能清洁技术。

（一）清扫器技术

清扫器是一种带式输送机的黏着物和块状较大物料的清理装置。清扫器主要作用是：

（1）保持输送带的干净，使输送带在传动滚筒上有足够的摩擦力，防止输送带打滑和跑偏；

（2）有效减少黏性、较大物料对输送带和托辊磨损，有效延长输送带、托辊的使用寿命；

（3）保证输送带运行平稳，不上下左右跳动和撕裂输送带。

通过清扫器作用，减少皮带上的黏着物，对承载托辊、托架、传动滚筒、改向滚筒等起到有效保护，保证了正常运转，降低煤尘污染。

带式输送机的清扫器按安装部位大致可分为三部分：头部清扫器、中部清扫器和尾部清扫器。头部清扫器安装示意如图 3-17 所示。

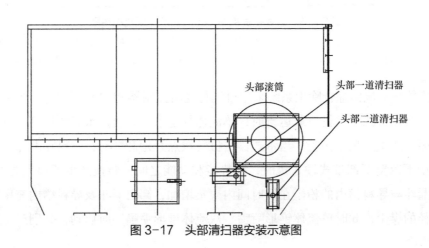

图 3-17　头部清扫器安装示意图

头部清扫器用于皮带卸载滚筒回程皮带上面的清扫工作，清扫器与带式输送机匹配，清扫器有重锤张紧或弹簧张紧形式。煤炭码头带式输送机头部清扫器一般配备2道，材料为合金或聚氨酯。

中部清扫器用于清理皮带非工作面，使下皮带面粘的物料尽量少地传送到下部托辊及改向滚筒，安装在与皮带中部卸料点后方5m范围内，或带式输送机机身距离机头2/3的位置，材料使用胶条或聚氨酯。

尾部空段清扫器负责带式输送机机尾前非工作面的清扫。材料使用胶条或聚氨酯，安装在机尾缓冲托辊架前方5m范围内。

带式输送机的清扫器种类很多，依据刮刀材料不同，主要有以下几种常见的清扫器：

（1）合金橡胶清扫器。合金橡胶清扫器是从20世纪80年代开始在输送机行业上使用的较为理想的清扫器，安装在头部滚筒处，它主要借助橡胶棒的弹力，清扫粘结在输送带上的物料，同时刮板材料由橡胶改为硬质合金。合金橡胶清扫器主要由多个合金刮板、刮板架、橡胶弹性体、横梁、可调节固定架等组成，其结构简单、紧凑，可以通过调节固定架，来调整刮板与驱动滚筒之间的正常接触，然后转动横梁轴，使刮板和驱动滚筒的接触压力达到100～150N后锁紧螺栓。

要达到较好的清扫效果，目前较为成熟的经验是在头部滚筒处增加清扫器的数量，联合使用。如合金橡胶清扫器P、H形联合使用。再增加一道硬质合金刮板清扫器；回程输送带进入下托辊时，下托辊采用梳形托辊、螺旋托辊或V形梳形托辊，这样可以达到较好的清扫效果。

（2）PUR聚氨酯皮带清扫器。安装在带式输送机的驱动滚筒处，它的刮刀采用聚氨酯复合材料，利用模具一体加工成形，刮刀面平整，直线度好，具有低摩擦、高耐磨、高强度的性能，刮料效果相当稳定，可有效清除残留在皮带上的细粒、湿黏物料，预压式调压器可确保刮刀与皮带的稳定接触压力。刮刀面由多块窄幅聚氨酯刮板组成，具有空形缓冲孔，对各种皮带都有良好的跟随性。

（3）硬质合金清扫器。安装在带式输送机的头部，刮板材料采用硬质合金，有单片和双片两种形式，主要清扫小颗粒及其介质，能有效确保输送带的清洁。其结构新颖，独有缓冲补偿装置，抗输送带冲击振荡性能好，清洁效果好，不易伤害输送带。配套有高功能标准组件系统，包括系统支撑管、支撑管延长件和弹性缓冲装置，硬质合金刮板具有调节机构，方便刮板与输送带接触压力的调整，刮板磨损后可调节两侧的金属刮片向外呈下降圆弧形，有效防止刮板边沿损伤皮带表面光滑的PE刀板护板，可很好地防止物料堆积和结垢，通过调整配重块改变刮板对输送带的压力，达到彻底清扫物料的效果。

（二）智能皮带清洁技术

清扫器能够去除回程皮带上 80% 左右的黏料，但仍有一部分残存物料会附着在回程皮带上，在带式输送机回程段抛撒，造成带式输送机沿线的污染。

带式输送机皮带智能清洁装置（图 3-18）通过喷水装置、清扫器、除水器、物料回收装置、智能检测系统以及智能控制系统配合工作，完成回程皮带的清洁。经过带式输送机智能清洁装置，可以把回程皮带剩余黏料清理干净。

该系统可有效去除回程皮带上 90% 以上的黏料，清洁下的物料通过回收装置返回至带式输送机系统原流程或进行有组织二次处理，实现了污染物的零排放。此外，系统可自动运行，实现了无人化与智能化。

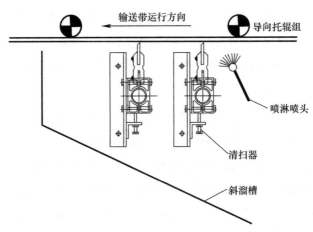

图 3-18　带式输送机皮带智能清洁装置

皮带智能清洗装置是由水喷淋清洗喷嘴、导向托辊、清扫器、污水回收装置和电控系统组成。在头部回程皮带面增设喷淋增湿装置，并安装一道清扫器、一道除水器以清除回程皮带上的黏料和污水，能有效地减少回程皮带上的附着物料并减少扬尘。清洗装置通过水喷淋对回程皮带进行清洗，喷淋动作由远程手动控制或根据带式输送机运行信号联动。摒弃采用单一方式对回程皮带进行清洁的方法，通过水清洗技术、机械清扫技术相结合的回程皮带清洁技术，确保回程皮带洁净运行，经过喷水增湿和清扫器处理后的污水，在重力和下喷嘴冲洗的作用下排放回收至原输送流程或有组织集中收集至沉淀箱，实现带式输送机作业污染物零排放。在清扫器上方设压带托辊，防止皮带抖动，使清扫器与皮带结合紧密，有利于清扫。皮带智能清洗装置通过前端检测装置判断物料特性，自动启动预设的清洁模式，精准控制洒水量，保证皮带清洁效果的同时节约用水，使用此装置可以有效地减少带式输送机回程带料，并且整套设备通过与带式输送机系统联动，能够实现自主运行，达到智能皮带清洗的目的。

三、落料清理回收技术

（一）转运站内清料通道布置

转运站是带式输送机汇集转接区域，煤炭撒落和粉尘产生的问题比较大，在长期的使用中，转运站由于带式输送机撒落而堆积的物料会越来越多，这些物料的清理也是一个棘手的问题。因此，新建转运站需要在设计时对此进行综合考虑，同时已建转运站需要进行改造，对转运机房内撒漏煤、粉尘及机房清扫进行综合治理，实现清洁生产的目的。

转运站清洁生产治理方案包括转接机房层面处理、回收装置设计、加强冲洗、增加排水沟、沉淀池设置等措施。

增加转运站及附属区域冲洗给水，并对转运站的内部楼面进行修整，保证机房层面不漏水，定期对转运站楼面进行冲洗，使冲水后地面积水有组织汇流并对其进行收集，四周设排水地漏，在柱角设排水立管，每层的污水通过地漏和立管排到一层排水明沟。修整转运站一层地面，转运站地面进行双向找坡，增加两侧排水沟，使得冲洗水全部进入排水沟中。

将附属区域地面硬化处理，修筑室外排水沟、沉淀池，配备冲洗水箱，使得煤尘用冲洗水冲洗后进入沉淀池中，沉淀后清水自流入堆场排水沟，积煤进行定期清理返回流程。通过以上措施达到积煤集中治理，污水规范排放的目的。

机房内带式输送机头部设置积煤回收装置，可收集回程皮带掉落的煤尘、煤饼，使其沿着溜槽自行溜入收集装置中。积煤回收装置尺寸应结合现场块煤粒度进行设计，确保回收畅通无阻，便于冲洗。

为提高工作效率和冲洗质量，设计采用高压水冲洗，即利用高压水的冲力，将黏附在楼板上的煤灰清除掉。冲洗设备为固定高压冲洗系统和移动式冲洗箱两种。固定高压冲洗系统是在转运站每层铺设一套高压供水网，每层管网上设手动控制阀和水幕冲洗喷头。该系统能够对转运站分层冲洗，每层一阀开启整层自动冲洗，以提高工作效率。在转运站内设移动式冲洗系统，作为固定高压冲洗系统的补充。在机房每层沿对角线完善冲洗水箱的设置，使每层均有两套冲洗水箱。这样不但方便生产使用，而且避免了冲洗水箱上下层借用。

转运站和附属区域每天冲洗3~4次，由于全天为间歇冲洗排水，沉淀池的体积按储存一次人工冲洗水量和一次10min自动冲洗水量的最大者考虑，煤泥清淤周期按每周1次考虑，或根据实际使用情况调整清淤周期。

在转运站附属区域布置一条宽排水沟，与转运站内排水沟相接，为了便于煤污水中煤灰的预沉和运输，在转运站外布置一座沉淀池和晾晒池收集废水。

沉淀池的长边设计成角度约 8°的斜坡状，方便小型铲斗车清运煤泥，在晾晒池内设一条滤水沟，便于煤泥浓缩，其滤过的煤污水再回到沉淀池处理。

（二）栈桥排渣通道布置

带式输送机沿线栈桥撒漏煤来源：一是回程皮带携带物料的撒漏，二是皮带跑偏时的物料撒漏。

针对这一问题可采用在带式输送机栈桥增设可冲洗式接料板的方式解决。接料板下方布置接料管，冲洗时煤泥经过接料管排放污水至地面排水沟内。接料板安装在回程皮带下方，利用角钢固定支撑，对整条带式输送机形成全覆盖，无论是回程带料还是跑偏撒料，物料都会落入接料板中。接料板横截面呈 V 形，当有物料落入接料板时，物料自身重力和接料板坡度的双重作用，使物料汇集在接料板 V 形底部。根据带式输送机撒落料情况，周期性地使用冲洗水箱对接料板中的撒落料进行冲洗，接料板每隔一段距离布置接料管，接料管与地面排水沟相连接，在冲洗水的作用下撒落料和污水通过接料管排放到地面排水沟中，而后通过排水沟进入沉淀池中进行进一步处理。

通过增设可冲洗式接料板（图 3-19），防止带式输送机物料直接撒落到地面，减少了人工清扫，提升带式输送机沿线清洁生产能力。

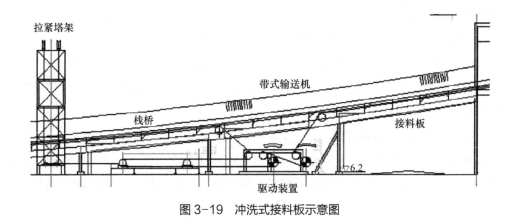

图 3-19　冲洗式接料板示意图

第六节　新型筒仓装卸工艺系统绿色节能技术

传统的煤炭散货码头采用露天堆场形式对煤炭进行堆存，大风扬尘会对堆场区域周边环境造成影响，一般采用在堆场两侧布置喷枪的方式，通过洒水降低粉尘扩散，在一定程度上抑制了粉尘的产生。国内到港煤炭受各方面条件制约，开采时没有经过包括洗煤、筛分等相关处理，煤炭含水率普遍较低，粉尘颗粒度含量高，从产地到港口的运输过程中基本不采取措施，造成港口在作业过程中环保压力巨大。

自21世纪初开始，为进一步降低粉尘周边扩散，煤炭码头开始推广应用在堆场四周建立防风网的技术，这种方式与原有的洒水除尘系统配合对露天堆场粉尘的扩散起到了较好的抑制和屏蔽作用。但由于防风网设计机理是仅对某一方向的风具有阻挡作用，效果有一定的局限性，并不能从源头上消除粉尘污染，而且堆场洒水除尘采用洒水喷枪，对水资源耗费较大。

同时传统堆场洒水抑尘具有不均匀性，抑尘过程中产生大量的含煤污水，随堆场排水偏沟汇入污水处理站，增大了污水处理站的处理压力。尤其在暴雨等极端恶劣天气情况下，污水处理设备难以在短时间内满足高强度作业，很容易造成码头附近水域污染，破坏海洋生态系统。

大型储煤筒仓群代替露天堆场是一种从根源上解决粉尘外逸的环保方案。筒仓占地面积小、自动化程度高，在提高作业效率的同时可以减少劳动用工，其最大的优势在于可以有效减少煤炭转运期间的货损，避免在堆取料过程中或是大风情况下堆场堆存产生的扬尘。据统计，筒仓工艺可以从根本上杜绝煤堆场的粉尘污染，与露天堆存工艺相比减少97%的粉尘排放，具有良好的环保效应。

筒仓一般采用圆形倒锥形底部漏斗轴对称结构，受力均匀。筒仓装卸作业不需配置回转式堆、取料机，即可实现存煤的"先进先出"规律，生产工艺更简单，系统的生产效率更高效；圆形筒仓容积大，土地利用率高。筒仓进料时，带式输送机直接将物料输送到筒仓顶部，由卸料小车有选择性地分配到不同的储煤筒仓里。卸料时，物料通过底部倒锥形卸料漏斗经过活化给料机卸载到水平带式输送机运出。

黄骅港三期工程是世界上首个采用筒仓群代替露天堆场的煤炭专用码头。堆场采用24座筒仓群进行煤炭的临时中转堆存。24座筒仓按4行6列方式布置，由一台卸料小车完成筒仓的装载作业。筒仓为混凝土结构，直径为40m，高度为42m，单个筒仓煤炭堆存量3万t。煤炭经过带式输送机转接提升，到达仓顶带式输送机，通过仓顶卸料小车将煤炭卸入指定的筒仓内，仓底采用活化给料机方式进行卸煤作业。活化给料机利用气动方式调节可变力轮控制出料量。活化给料机有一定的活化作用，能够防止出料口一定空间内的物料板结，同时通过其内部弧形结构设计使其停止工作时具有锁煤作用。活化给料机在生产作业时能够一直保持额定给料能力进行给料，传统生产作业采用取料机进行取料，垛堆得不规则，塌垛、移垛等因素都会影响到取料机的作业效率，其整体平均效率仅为设计能力的60%左右，因此筒仓作业工艺能够保持装船作业维持恒定的高效率装船能力。同时筒仓集群代替露天堆场不但消除了煤炭露天堆放煤尘的产生，而且最大限度地减少了卸料、取料生产作业环节中粉尘的产生，在环保方面有突出优势。

筒仓工艺的变革带来生产作业方式的改变，在整体耗能不增加的情况下，筒仓工艺能够实现更高效率的装船作业。传统的堆料机和取料机装卸设备由卸料小车和活化给料机取代。一台堆料机装机容量为800kW，而对应的一台卸料小车装机容量仅为90kW；一台取料机装机容量约为1000kW，而对应同等工艺配置的活化给料机为112kW。同时由于活化给料机的使用，可以自动精确调整给煤量，其均匀给料与取料机作业相比，能保持恒定高效率装船，电能使用上整体与煤炭进仓需要提升做功耗能相比，基本保持一致。国能黄骅港三期、四期煤炭码头共用一个装船码头，码头配置4台8000t/h装船机，实现年1亿t的装船量，而常规露天堆场工艺码头应对应8台8000t/h装船机。

筒仓工艺可减少操作人员配置。传统露天堆场设置，需配置堆料机、取料机堆场装卸设备，堆料机和取料机作业每台机每班需配置2名作业人员，按三班制轮流值班，每台机共需要6名操作人员。而筒仓工艺模式，卸料小车、活化给料机代替了堆料机和取料机的功能。卸料小车和活化给料机控制方式简单且维护工作量少，可以实现远程的无人自动作业。因此相比传统露天堆场，大幅减少了人工成本。

但是筒仓储煤方式，在初期一次性投资较高，且筒仓安全性要求较高，对煤炭码头货物周转率有较高的要求。建设期，筒仓对地基地质要求较高，在地基稳定性较差的地区进行地基施工处理费用较高，筒仓建设周期相对较长，建设速度也较为缓慢。运营期，筒仓内因物料的粒度和含水率等不同，易发生堵煤，直接影响输煤系统的安全性和可靠性。筒仓内煤不适合长期储存，否则由于缓慢氧化，会使煤温度逐渐升高，煤导热系数低，煤内部热量向四周导热较慢，导致煤堆内温度逐渐升高，极易导致煤的自燃。当可燃气体和烟雾达到定浓度后，易发生筒仓自燃甚至爆炸等重大安全事故。因此，做好防堵、防自燃、防爆设计和筒仓安全检测系统等环节，确保筒仓安全运营。

煤炭码头采用筒仓储煤方式代替露天堆场是近年煤炭码头行业适应环保要求做出的有益实践，黄骅三期、四期工程的顺利投产应用除证明其在环保方面具有明显优势外，在提高生产效率、简化作业模式、节约电能、减员增效、节约土地资源方面也体现出了突出的特点。

第七节　煤炭码头绿色生态水循环系统

一、概述

随着港口建设的不断完善和国家环保要求的不断提升，煤炭码头环保除尘、生产用水量急剧增大，含煤污水处理量也随之增大，煤炭码头水系统愈发庞大，直接影响煤炭码头生态环境及经济效益。因此，构建煤炭码头水系统循环综合体系，减少原水使用，建立水系统智能化运行调度平台，保证水源供应，是煤炭码头绿色生态建设的重要组成部分。

煤炭码头水资源的循环利用需要结合不同码头的自然和生产条件，对港区生产用水、生活用水、污水处理站输出水、雨水、压舱水等水源进行整体规划和综合实施。原则上以港口水环境安全与水资源可持续利用为目标，开展港口水质保障、水污染防治控制和水资源循环利用关键技术研究应用。

二、污水处理及回收利用工艺

煤炭码头污水主要分为三类，含煤污水、含油污水及生活污水。含油污水及生活污水相对含煤污水量很小，因此，本节关于污水处理回收利用的描述主要针对含煤污水。

污水处理站收集处理的污水主要来源于露天堆场产生的径流雨污水、码头面径流雨污水、码头冲洗水、转接机房地面冲洗水等，其主要处理设备包括全自动净水器、自动过滤器及相应全部配套设备设施。含煤污水处理工艺流程如图3-20所示。

经污水处理站沉淀处理后下沉所收集的煤泥用于回收利用制成煤饼，处理后的污水达到回用水质，引入港区水循环系统中，经供水调节站用于堆场洒水和机房冲洗，达到节能环保的目的。

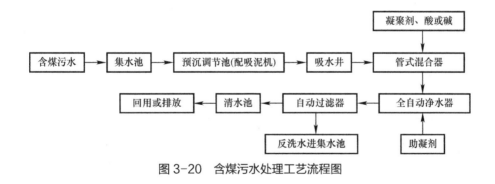

图3-20 含煤污水处理工艺流程图

三、搭建港区水资源与管网综合管理系统

煤炭码头包括船舶、生活用水和生产、消防、洒水抑尘用水两套给水系统，在实际工程中，需要根据情况合理布置给水/消防系统。

构建煤炭码头各水系统综合管网互通体系，形成水系统循环的综合布局，建立整个水系统监测监控系统，开发包含给水系统设备、生产用水设备、监控仪器仪表等在内的水系统综合管理平台。通过平台系统分析用水量、漏损量、回收量等，对管网、设备等进行实时分析和预测，及时发现和处理水系统问题，对区域内的水资源和水系统进行科学调度和统筹分配。详细内容见第四章第八节。

第八节 煤炭码头供电系统绿色节能技术

一、概述

煤炭码头生产运行主要靠电力驱动，通常年装船能力3000万t的煤炭输出码头，装机总容量约为50000kW，5000万t的煤炭码头达80000kW左右。其中，电能消耗主要来自码头装卸生产作业。据统计，装卸生产设备的能耗约占码头总能耗的80%，装卸生产设备通常包括带式输送机、翻车机、卸船机、装船机、斗轮堆料机、取料机等。例如输送能力5400t/h，带宽1.8m，水平长度1200m的堆场带式输送机功率一般为1300kW；能力8000t/h的翻车机功率为3500kW；装船能力8000t/h的装船机功率为1800kW。因此，优化相关设备供配电及控制环节，能够有效地减少能源消耗，有利于码头绿色节能。

二、带式输送机变频控制技术

煤炭码头装卸系统工艺包括装卸车工艺、码头装卸船工艺、堆场取装及环筒仓工艺等，其中带式输送机系统是贯穿整个煤炭进出码头各个环节的链条和纽带。目前，我国大多数煤炭码头带式输送机能耗较高，部分是由于在设计阶段需要考虑重载裕度等原因导致的驱动电机选型裕量偏大。

（一）带式输送机控制技术发展现状

带式输送机由于皮带张紧后才能启动，因此受到皮带张力、拉力及启动张力的作用和皮带本身强度的限制，要求带式输送机平稳启动，加速度要小，启动力矩要大，具有一定的过载能力。带式输送机通常分为直接启动和软启动两种方式。

带式输送机直接启动时启动转矩大，但力的传导不均，尾部反应慢，对带式输送机结构冲击大。大功率输送机启动时引发电压波动大，对小容量电网电压影响比较大。同时直接启动时由于转矩变化大，也影响设备的机械寿命。

软启动时带式输送机由静止逐渐加速到额定速度。软启动最大优点是平稳启动，降低了启动时的冲击力，降低了对皮带、电机、机架、滚筒的冲击，延长使用寿命。

煤炭码头带式输送机驱动形式通常分为五种：电动机＋限矩型液力耦合器＋减速箱＋联轴器、电动机＋调速型液力耦合器＋减速箱＋联轴器、电动机＋CST可控启/停装置＋联轴器、变频电动机＋减速箱＋联轴器、永磁变频电动机＋联轴器。

1. 电动机＋限矩型液力耦合器＋减速箱＋联轴器组合形式

电动机＋限矩型液力耦合器＋减速箱＋联轴器组合是带式输送机系统广泛应用的一种形式。限矩型液力耦合器启动时间一般在10~20s范围内可调，满足一般带式输送机柔性启动要求，通过液力耦合器油量控制调整启动时间，能有效减缓冲击，隔离扭振，提高传动品质，实现电机轻载启动功能。限矩型液力耦合器经过多年发展，结构简单，故障率低，技术成熟，已全部实现国产化，组合中没有电气连接，对工况环境要求低，但软启动性能范围较窄，液压油老化后需要定期更换。限矩型液力耦合器属于耗能型的机械调速装置，输出转速越低，损耗越大，额定转速下传递效率为96%。一般不宜用于下运带式输送机和具有调速要求的带式输送机。驱动组合形式如图3-21所示。

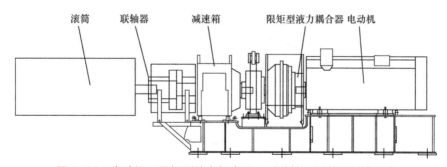

图3-21　电动机＋限矩型液力耦合器＋减速箱＋联轴器组合形式

2. 电动机＋调速型液力耦合器＋减速箱＋联轴器组合形式

电动机＋调速型液力耦合器＋减速箱＋联轴器组合形式是大型带式输送机常用的另一种驱动方式。与限矩型液力耦合器相比，调速型液力耦合器启动时间在50~300s范围内可调，在保护电动机过载和软启动性能方面效果更好。功率平衡可达＋5%，可在1/4~1额定转速范围内无级调速，启动加速度范围为0.1~0.3m/s^2，传递效率在97%~98%，在停机时不能用作减速控制。采用调整型液力耦合器调速运行，根据工艺流程情况，节电率可达20%~40%。但调速精度较低，长期运行后会有渗油现象，由于设备机械结构及管路复杂，适用于投资小、软启动性能要求不高、调速范围要求不大的场合。驱动组合形式如图3-22所示。

3. 电动机＋CST可控启/停装置＋联轴器组合形式

电动机＋CST可控启/停装置＋联轴器组合形式一般用在机长大于1000m的长距

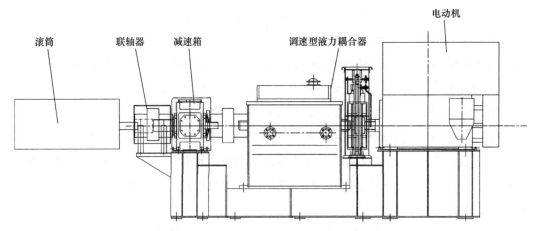

图 3-22 电动机 + 调速型液力耦合器 + 减速箱 + 联轴器组合形式

离大型带式输送机上。CST 驱动装置最早由美国道奇公司专为带式输送机设计，是一种具有较高可靠性的机电一体化驱动装置。其软启动性能好，启停曲线线性（图 3-23）可控，加减速度特性按需要任意可调，调速精度较高（控制精度可达 2%），启动时间可在 30～300s 范围内调整，稳定转速可在 10%～100% 间任意调节。停车时速度曲线也可控，并能保证紧急停车时及突然断电时，提供可控停车，可实现闭环控制。多台电机驱动时，可分台延时启动，而且功率分配均衡（≤±2%）。控制系统响应快，有多种监测、保护装置，能连续对各种参数进行有效监测和控制，过载保护灵敏，减小带式输送机启动时对电网的冲击等。缺点是后期维护对润滑油质量要求高，不适合频繁启停工况，需设置较大的低速轴制动器和逆止器。驱动组合形式如图 3-24 所示。

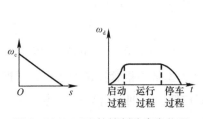

图 3-23 CST 的控制速度变化图

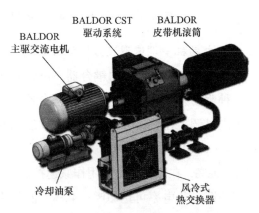

图 3-24 电动机 +CST 可控启 / 停装置 + 联轴器组合形式

4. 变频电动机 + 减速箱 + 联轴器组合形式

变频电动机 + 减速箱 + 联轴器组合形式软启动性能好，启停速度曲线线性可控，启动时间在 1～3600s 范围内可调，可在带速 5%～100% 范围内无级变速，节能效果好，可靠性高，额定效率在 97%。变频电动机能够实现至少 0.9 的功率因数，实现了比电动机＋液力耦合器方式高 5%～10% 的传递效率。

可应用于输送机的恒转矩负载调速驱动过程中。它能有效控制输送机柔性负载的软启动、软停车，实现各驱动装置之间的功率分配，避免出现撒料与断带，能有效抑制皮带突变张力对机械设备造成的危害，延长输送机使用寿命；同时在使用多电机驱动的带式输送机系统中能够动态分配各个电机的输出功率，精度高，波动范围小。

但在大规模运行过程中需考虑谐波影响和治理措施。该形式适用于频繁启停、对低速启动功能要求高的大型带式输送机系统，目前市场逐渐推广应用。驱动组合形式如图 3-25 所示。

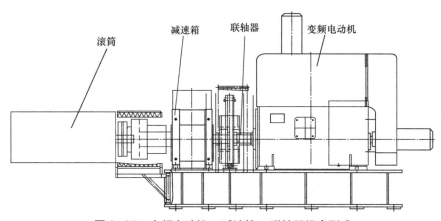

图 3-25　变频电动机＋减速箱＋联轴器组合形式

5. 永磁变频电动机＋联轴器组合形式

永磁变频电动机＋联轴器组合形式是一种将永磁电动机与变频器组合成一体机的方案，该方案兼顾永磁电机高功率因数的优势和变频器的控制。与传动驱动装置相比，永磁变频电动机可实现带式输送机低速重载下 S 曲线启动，具有低速、大扭矩、传动效率高、运行平稳、结构紧凑、占据空间小等诸多优点，并且适合在各种恶劣工况下工作，是目前带式输送机理想的驱动装置。永磁变频电动机使用永磁体作为转子提供磁通励磁，整体结构简单。同时，永磁变频电动机驱动不需设置液力耦合器和减速箱，传递效率更高。与传统驱动比较，永磁变频电动机实现节能 15%～20%。其启动转矩大，重载启动性能更卓越。永磁变频电动机匹配智能同步变频器能恒定输出额定负载转矩 2 倍的启动转矩，彻底解决了重载启动难的问题。且安装方便，无需加油维护，减少大量巡检工作，节省人力、物力。

近些年，此方案在一些港口带式输送机系统改造过程中正在探索应用。驱动组合形式如图 3-26 所示。

图 3-26　永磁变频电动机 + 联轴器组合形式

目前，从调速性能指标、技术成熟度、维护方便性、传递效率等多角度对比，基于变频技术的变频电动机 + 减速箱 + 联轴器组合形式已逐渐成为带式输送机驱动配置形式。

（二）变频器种类及特点

（1）变频器种类很多，按照工作原理分可分为交—交变频器和交—直—交变频器。目前市场应用较多的为交—直—交变频器。变频器主电路主要包括整流电路、中间电路和逆变电路，整流电路将工频交流电通过整流器转换为直流电，中间电路包括滤波电路和制动电路，中间电路将直流电滤波后，降低电压和电流波动，提升电流质量，再经过逆变器将直流电转换为频率和电压可调的交流电，通过控制输出频率的变化，实现带式输送机驱动电机速度的调节。制动电路通常由制动电阻或动力制动单元构成，主要作用为吸收电动机再生电能。

（2）交—直—交变频器根据直流环节储能方式又分为电压型和电流型。在电压型变频器中，整流电路产生的直流电压通过电容进行滤波后供给逆变电路。由于采用大电容滤波，所以输出电压波形比较平直，逆变电路输出矩形波或阶梯波，多用于不要求正反转或快速加减速的通用变频器中。

电流型变频器的中间直流环节采用大电感滤波，直流电流波形较平直，因此电源内阻大，相对负载可以看成一个电流源，逆变电路输出矩形波，适用于频繁可逆运转和大容量的变频器。

（3）根据调压方式不同，交—直—交变频器又可分为脉幅调制（PAM）和脉宽调制（PWM）两种。

（4）根据电压等级来分可分为低压变频器和高（中）压变频器。低压变频器通常有统一的结构形式，而高（中）压变频器常用的形式有高—高型、高—中型和高—低—高型三种。高压变频器通常由较多的功率单元串接组成，其结构组成较低压变频器复杂，输出高电压能够使电能传输距离更远，适用于煤炭码头中变频器室与驱动电动机距离较远的情况。低压变频器结构相对简单，由于低压变频存在信号干扰及长距离电压降，变频器与驱动电动机距离不宜超过 300m。

(三) 变频调速控制原理

煤炭码头带式输送机属于输送量大、输送距离长的大型传输设备，启动所需功率及惯性力矩较大，一般采用 6kV 或 10kV 电压供电，高压电动机不适合频繁启停工况。电动机启动时，特别是工频重载启动，在启动瞬间转子转速由零突然提升至最大，转子快速切割旋转磁场，因此，在转子绕组中产生较大的感应电动势和电流。根据磁动势平衡关系，定子电流急剧升高，一般为额定电流的 4~7 倍，启动电流大导致电路产生较大的电压降，直接影响在同一供配电系统的其他用电设备正常工作。且工频启动与停机环节，容易对皮带、滚筒、张紧装置等机械设备造成冲击，影响使用寿命。采用变频控制技术，电动机通过极低的频率启动，然后逐步提高频率使电动机转速平滑提升，直至达到工作频率，电动机恒速运行。在此过程中，转速差和启动电流稳定在一定范围内，实现了电动机平稳启动。

在电动机需要制动时，变频器同样可以介入，通常包括直流制动和回馈制动，直流制动可以将电动机转子储存的机械能转换为电能，通过电阻消耗，回馈制动则是将电动机轴上的机械能转换为电能后回馈给电源。

(四) 谐波治理措施

变频器为非线性电气设备，当大规模变频器投入运行时，在整流和逆变的过程中会产生谐波。谐波对供电系统内的其他用电设备造成影响和干扰，同时可能会引起电动机温度升高和噪声增加。目前市场上主流变频器主动谐波控制方案较为成熟，通常采用多脉波整流技术或 AFE 整流抑制谐波技术，在源头控制谐波产生。被动谐波抑制技术相对主动谐波控制，是在电力系统已经产生谐波污染后，再采取措施安装谐波抑制装置来抑制谐波对电网的影响。常用的被动谐波抑制装置有无缘谐波抑制滤波器、有源谐波抑制滤波器、混合式有源电力滤波器和电能质量调节器。

(五) 变频控制技术应用及效果

1. 高压变频控制技术应用实例

以某煤码头为例，码头线、翻车线、筒仓堆料线、露天堆场进场线、取装线带式输送机采用高压 6kV 变频驱动方式，变频器装置为高—高型 36 脉波整流结构。变频系统满足带式输送机重载启动、调速和停机的要求，变频器内部采用 IGBT 的开断来调整输出电源的电压和频率，根据电机的实际需要来提供其所需要的电源电压，进而达到节能、调速的目的。采用变频调速控制后，优化了机械系统结构，不需配置液力耦合器，操作和控制更加方便，提高了整个系统的运行效率。

2. 低压变频控制技术应用实例

以某散货码头为例，堆场及泊位带式输送机全部采用变频控制，变频方案为交—直—交型低压 690V 变频，进线侧设置 12 脉波整流变压器，变频器按照重载机械选型，满足带式输送机最大能力状态下重载启动的要求。通过在煤炭码头大规模应用带式输送机变频控制技术，在设计选型中优化带式输送机驱动电机容量，有效降低了生产过程中的电能损耗，现场运行效果良好。

3. 变频控制技术应用优势

（1）启停调速性能佳。在低速状态下实现较大转矩重载启动，速度曲线平滑，不产生冲击电流，能实现急停后重载满负荷启动。

（2）节能效果好。供电侧功率因数高于 0.95，无功损耗低。同时，系统能够实现无级调速，满足在空载运行时的低速运行，大大降低电能损耗。电动机直接与减速器连接，机械传递效率提升 5%~10%。

（3）智能化程度高。实时监测带式输送机驱动电机运行参数，同时在单传动与多传动的选型配置上能够实现多电机驱动。在同一条带式输送机多电机驱动时，通过主从控制，也可实现带式输送机多电机同步运行和功率平衡，防止叠带或皮带拉伤，减少备品备件损耗。

三、船舶岸基供电技术

岸电是指采用陆地电源给靠港船舶供电的电源设备。船舶靠泊使用岸电供电，无需使用船舶发电机，有效降低船舶靠港期间因燃烧燃油排放污染物造成的大气污染和船舶发电机使用造成的噪声污染，实现船舶在港期间的零排放。

（一）岸电技术发展现状

国际上存在的岸电方式可归纳为低压岸电供低压船舶、高压岸电供低压船舶、高压岸电供高压船舶三种供电方式。同时，因各国采用电制不同，采用的岸电系统的电制也有所不同。美国采用 60Hz 港口用电直接向 60Hz 船舶供电，欧洲采用 50Hz 港口用电直接向 50Hz 船舶供电，均不涉及变频技术。目前除了特种船外，大部分船舶使用的交流电制为三相交流 440V/60Hz、400V/50Hz、6.6kV/60Hz、10kV/50Hz 四种情况。其中，采用低压岸电供低压船舶、440V/60Hz 直接供电方式的典型代表是美国洛杉矶港，洛杉矶港采用了趸船式的供电装置，给少量的集装箱班轮供电。采用高压岸电供低压船舶、10kV/50Hz 直接供电方式的是瑞典哥德堡港，哥德堡港采用了码头固定式的供电装置给邮轮和滚装船供电。采用高压岸电供高压船舶、6.6kV/60Hz 直接供电方式是长滩港集装箱码头、洛杉矶港部分集装箱码头。

近年来，船舶岸电技术作为一项节能环保技术在国内港口得到大范围推广应用。2015 年，交通运输部发布了《船舶与港口污染防治专项行动实施方案（2015—2020 年）》，要求大力推动靠港船舶使用岸电，推动建立船舶使用岸电的供售电机制和激励机制，降低岸电使用成本，引导靠港船舶使用岸电，并开展码头岸电示范项目建设，加快港口岸电设备设施建设和船舶受电设施设备改造。截至 2019 年 12 月，国内已建成港口岸电设施 5400 多套，覆盖泊位 7000 多个。

（二）船舶岸电电源要求

船舶岸电在供电参数的选择方面，重点需要考虑靠港船舶用电参数需求、岸电系统容量、船岸接插件、接电安全性等多方面因素。目前国内散货码头靠港船舶的辅机发电电压基本为低压 0.44kV，5 万 DWT 及以上船舶辅机发电频率为 60Hz。其中，5 万~7 万 DWT 船舶的单台辅机额定功率最大约为 800kW，船舶供电功率因数按照 0.8 计算，岸电最大需要容量约在 1000kVA。10 万 DWT 船舶的单台辅机额定功率最大为 1000kW，船舶功率因数按照 0.8 计算，岸电最大需要容量约在 1250kVA。

（三）船舶岸电系统组成

船舶岸电系统岸侧设备主要由岸电变压变频系统、插座箱和电缆卷筒连接装置组成，其中岸电变压变频系统是实现船舶岸基供电功能最主要的核心装置，插座箱和电缆卷筒连接装置则是在岸基电源与船舶之间建立供电连接的纽带，高压岸电与低压岸电主要区别为插座箱和电缆卷筒连接装置的安装位置不同，前者一般为岸基插座箱，船基电缆卷筒，后者则相反。

高压岸电系统相比于低压岸电系统在操作上有着显著的优势，不仅用来连接船舶的电缆数量比较少，而且其用来与船舶连接的电缆截面积较小，能够快速完成船舶与岸电系统的连接。

（四）高压岸电技术

高压岸电技术按照供电方案类型大致可分为五类，一是岸电变压变频系统位于码头后方，通过码头前沿高压接线箱，高压直接上船使用；二是岸电变压变频系统位于码头后方，码头前沿设置高压接线箱，输出高压经码头箱式变电站降压后供低压船舶使用；三是岸电变压变频系统位于码头后方，经后方变压器降压后，码头前沿设置低压接线箱，低压上船使用；四是高压接线箱安装于码头前沿，岸电变压变频系统安装在船上，电源直接供高压船舶使用；五是高压接线箱安装在码头前沿，岸电变压变频系统安装在船上，降压后供低压船舶使用。

以唐山港曹妃甸港区煤码头三期工程港口码头散货船岸电配置为例，该项目采用方案一高压变频/高压供电的供电方案，码头设置两套船舶岸电系统，容量分别为800kVA和1000kVA，输入侧接10kV/50Hz港区电源，经码头岸电变频电源变频，输出6kV/50Hz或6.6kV/60Hz电源。码头前沿设置高压接线箱，经高压电缆上船供船舶使用，受电船舶需在船舶侧加装变压器和电缆接入系统等相关设备，负责上船岸电的变压分配和电缆及安全系统管理。该项目岸电布置示意图如图3-27所示，设备主电路框图如图3-28所示。

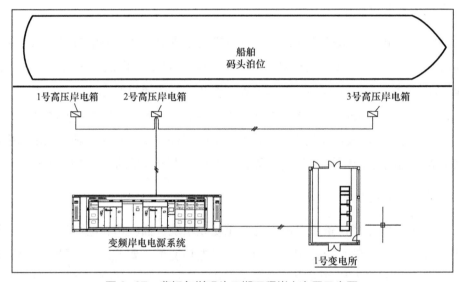

图3-27 曹妃甸煤码头三期工程岸电布置示意图

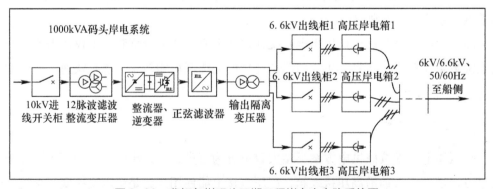

图3-28 曹妃甸煤码头三期工程岸电主电路系统图

该岸电系统由三部分组成，分别为岸基变压变频稳压稳频装置、高压电缆接线箱和船用电缆卷筒。该套岸电系统具有如下特点：

（1）环境适应性强。针对船上、岸边码头高温、高湿、高腐蚀性、大负荷等恶劣使用环境而特别设计,防护等级IP65,在环境温度-20~45℃的情况下能够100%满负荷长时间工作。

(2)满足多泊位岸电需求。一套岸电系统设置三组出线开关柜,输出端通过电缆连接至码头前沿接线箱,可以同时满足三个泊位的供电需求。

(3)谐波电流抑制能力强。具有降低谐波电流对电网干扰的特殊设计,变频电源采用AC-DC-AC逆变型式,整流采用二极管不可控整流器,谐波污染小,电能质量高。

(4)适应冲击性负荷设计。逆变器输出端采用三阶正弦滤波器技术,降低变频电源单元的输出阻抗,提升处理大电流冲击的能力及带复杂负荷的能力。

(5)保证输出电源质量、稳定性和可靠性。岸电输出电源的质量主要取决于PWM脉宽调制的控制技术,采用SVPWM空间矢量脉宽调制技术控制算法,保证了控制速度和精度,并针对复杂用电负荷变动较大的情况,采用快速的瞬时值闭环PID控制技术,使得波动能在半个基波周期内调整到稳压设定值。

以广州南沙国际邮轮码头项目岸电工程为例,该项目同样采用高压船舶/高压岸电的供电方案,码头设置两套独立的船舶岸电系统,容量分别为10MVA和16MVA。岸电电源系统采用高—低—高方式设计,10kV/50Hz电源进入整流变压器,通过变频模块变换后由输出变压器转成6.6kV/60Hz(6kV/50Hz)或11kV/60Hz(10kV/50Hz)电源连接到码头前沿插座箱,岸上设置移动电缆绞车,满足邮轮靠港后的电源要求。

岸电系统与船舶电源连接、退出及转换过程中满足船舶不断电,实现无缝切换。岸电系统可进行本地监控管理,并配备远程监控管理系统,系统设备设置在南沙邮轮码头平台控制室内。整套岸基供电系统包括岸电变频变压设备(变频电源)、船岸连接装置、本地及远程监控管理系统等,具备船岸供电系统同步并网、监控、保护、通信等功能。

为满足邮轮靠港停泊不同位置的供电需求,码头设置移动式岸电电缆管理系统,能够实现从码头固定供电点向移动式电缆管理系统提供岸电的连接,同时能够提供移动式岸电电缆管理系统与船侧的连接,此方案扩大了以码头侧插座箱供电点为中心沿码头方向前后的供电距离。

(五)低压岸电技术

根据国际标准IEC 80005技术要求,采用低压供电方式的船舶用电容量应在1000kVA及以下。我国国家标准和行业标准明确容量在630kVA以下时,可采用低压供电。国际上常用的低压岸电有四类方案,方案一是高压电源进线经高压变频,转换为频率为50Hz或60Hz可调的电源,经变压器转换为低压,通过码头前沿低压上船接电装置上船供船舶使用;方案二是高压电源进线,经变压器转换为低压,经低压变频转换为50Hz或60Hz可调的电源，通过码头前沿低压上船接电装置上船供船舶使用；方案三是低压电源进线，经低压变频转换为50Hz或60Hz可调的电源，通过低压上船接电装置直接上船使用；方案四是市电直接通过低压上船接电装置上船供船舶使用。

低压岸电上船电缆采用低压，电缆截面积较大，由于低压变频存在长距离电压降，因此，低压岸电与船舶距离不宜太长，岸电电源装置一定要靠近上船供电点布置。码头侧设置岸基电缆升降装置，岸上电缆升降装置将上船电缆输送至船上，为船舶提供岸电服务。船上配置船基岸电插座箱，经岸电接插件将码头岸电供电电缆插入船舶岸电插座箱，为船舶主配电屏提供0.44kV/60Hz或0.44kV/50Hz电源。

第四章

煤炭码头全流程智能化生产作业系统

第一节 概　　述

我国煤炭运输中大型专业化煤炭港口占比较大，煤炭码头由于操作工艺复杂，作业流程多，在自动化、智能化和节能降耗方面有很大的提升空间。

煤炭码头作业系统发展经历了人工、人工机械组合、机械化、继电控制机械化时代，发展到如今应用计算机、可编程序控制器（PLC）和各种先进传感监测、光纤通信、5G 等新技术，设备的功能和性能越来越强，在装卸设备自动化、设备管理与维护维修、清洁生产、能源节约、信息化建设等方面取得了巨大的进步。传统专业化煤炭码头已基本实现了自动化作业，通过 PLC 技术，在中央控制系统统一控制指挥下，实现带式输送机系统与各单机之间的协同作业。但各单机装卸作业基本采用人工操控，无人化作业仅在部分装卸设备进行试验性应用，同时作业线人工巡视是主要巡检方式，整体上普遍存在作业流程选择和控制策略性不够，操作人员工作劳动强度大、作业稳定性差、作业环境恶劣等问题，智能化程度较低。煤炭码头全流程智能化生产作业系统旨在研究和提升煤炭码头全流程智能化水平，促进煤炭码头内各装卸工艺设备作业高度协同、集成统一，提高生产作业效率，减少人工操作，改善作业环境，保障作业人员安全。

煤炭码头全流程智能化生产作业系统主要包括中央控制系统、翻车机全自动系统、无人化智能堆场系统、智能装船技术、远程卸船技术、装车系统、5G 技术的应用等。本章主要介绍目前煤炭码头全流程智能化生产作业系统研究成果和实践应用，主要从中央控制系统、翻车机全自动系统、无人化智能堆场系统、远程卸船技术、智能装船系统、装车系统等方面探讨煤炭码头全流程智能化生产作业系统的基础组成和目前散货码头智能化作业技术状况。

第二节　中央控制系统

中央控制系统是整个煤炭码头的指挥中枢，负责装卸设备的整体运行，相当于煤炭码头的"神经系统"。中央控制系统负责带式输送机系统控制，带式输送机控制系统与各单机间的数据通信和信号联锁，带式输送机控制系统与各辅助设备间的数据通信和信号联锁，以及与其他配套的洒水除尘控制系统、采制样控制系统、污水处理控制系统等数据通信和信号联锁。

一、系统组成及功能

（一）控制系统

1. 系统组成

中央控制系统设备主要包括可编程控制器系统（PLC）、HMI（人机操作界面）监控站、交换机、服务器、控制箱柜和现场监测传感设备等。控制系统主要完成工艺流程运行所需流程选择、逆序启动、顺序停机、故障停机、流程切换等操作，具有设备状态监控、实时数据收集等功能，同时接受生产指挥系统的作业调度指令和上传生产作业信息。

2. 控制网络

中央控制系统的网络结构层级自上而下分管理层、控制层和设备层，管理层包括监控服务器、HMI 监控站等，用于生产过程数据采集和监控，并利用 HMI 系统实现人机交互；控制层主要包括 PLC 系统等控制单元，用于收集信号，对执行设备进行控制；设备层主要包括各类传感检测元器件和执行单元，用于对生产过程进行感知和操作。各层级间根据信息种类和通信带宽的不同，选用不同的通信协议，实现高效稳定的数据传输。

控制系统在功能上是一个整体，按网络结构可以划分为两部分，即工业以太网和控制网。通过工业以太网和控制网的有机结合，形成高效稳定的控制系统网络结构。

管理层一般采用工业以太网通信协议，主要完成数据采集、流程控制、数据传送、监视、操作、实时数据收集、图形拷贝等功能，且保证长期连续稳定运行。中央控制系统 PLC、各单机控制系统 PLC、除尘泵房控制系统 PLC、采制样控制系统 PLC、污水处理控制系统 PLC 等以工业以太网方式接入汇聚层交换机。网络通信介质包括无线装置、光纤、同轴电缆和双绞线电缆等。

控制层设备主要由 PLC 组成，其通信方式主要有二类，一类是通用的通信方式，如工业以太网，还有不同 PLC 产品特有的通信方式，包括采用 ControlNet、Profibus、ModBus 等协议进行通信。

控制层主要实现流程控制、实时数据采集、状态监控、中央控制系统与翻车机、堆料机、取料机、卸船机、装船机、卸料小车、装车楼等生产工艺设备间有线和或无线数据通信，以及中央控制系统与洒水除尘系统、污水处理系统等附属系统间的通信。控制网络具有网络在线编程和系统离线编程的功能和全系统故障自诊断功能，满足工业控制实时性和可靠性要求。

控制层包含不同系统 PLC，各系统之间需要信息交互开展协同工作。各控制系统间可以采用"虚拟设备"方式搭建系统来实现信息传递，即多个控制系统之间相互交叉的控制设备，在对方控制系统中增加这些设备的"虚拟设备"，程序内部虚拟设备信息可通过相对应的真实设备所属的控制器内部数据获取。通信传输介质多为光缆，并可根据每个控制系统的配置不同，增加相应的通信转换设备。同时，为保证数据交换的实时性和稳定性，重要设备间信号传输通常采用"通信传输 + 硬线传输"冗余配置。硬线传输主要完成系统间联锁信号，保证作业流程基本联锁的关键数据传输。

3. 中央控制系统功能

中央控制系统控制的设备种类众多，主要控制的设备包括带式输送机及其辅助设备，以及各单机、除尘泵房、采制样系统等其他具有单独控制系统的子系统等。

（1）带式输送机的控制

控制系统可实现单个输送机启停、流程带式输送机启动等，控制方式主要有自动、集中手动和现场机侧操作三种方式，通过操作台上的选择开关和现场机侧操作箱内的选择开关，选择不同的操作方式。

现场机侧操作箱设置远程 / 就地选择开关、手动启动、手动停止、急停按钮和运行指示灯等。就地操作方式优于远程操作方式。现场机侧操作箱选择就地操作模式时，可使用手动启动和手动停止功能，该方式多用于带式输送机单机调试、故障维修等工况。为保障现场调试人员和运维人员人身安全，选择就地方式时，中控室的远程控制功能无法进行操作。

中控室操作台上除设有远程手动 / 远程自动选择开关、急停按钮开关、报警铃等少量硬件装置外，所有操作控制和状态显示全部在监控站 HMI 上进行。操作台上急停按钮开关为硬线连接方式，紧急情况时按下可使现场运行设备全部即刻停机，包括 PLC 系统自身故障。

（2）带式输送机附属设备控制

1）除尘系统控制方式

除尘系统主要用于带式输送机各转接点抑尘，包括干式除尘系统、干雾抑尘系统等不同形式。除尘系统与对应带式输送机运行联锁，先于带式输送机运行，后于带式输送机停机。

除尘设备自带机侧控制箱，箱内带有除尘器顺序运转所需的全部控制装置。除尘系统故障时不能影响带式输送机系统的运行，可解除与带式输送机系统的联锁。除尘系统与中央控制系统间的信号传输一般采用硬线无源触点方式，传输信号包括：

从控制系统至除尘系统传输除尘系统的启动/停止控制信号；

从除尘系统至控制系统传输转换开关机侧/远程控制信号、除尘系统运行信号、故障信号、系统电源信号。

2）磁分离器控制方式

磁分离器用于输送物料铁磁性杂物的去除，避免堵塞溜槽和撕裂皮带。磁分离器与带式输送机同时启动停机。

磁分离器自带机侧控制箱，箱内带有磁分离器运转所需的全部控制装置，包括启停按钮，就地/远程转换开关，以及与带式输送机控制系统连接的外引端子。磁分离器与中央控制系统间的信号传输一般采用硬线无源触点方式，传输信号包括：

从控制系统至磁分离器传输磁分离器的启动/停止控制信号。

从磁分离器至控制系统传输转换开关机侧/远程控制信号、磁分离器运行信号、故障信号、电源信号。

3）皮带秤数据传输

通常情况下，散货码头在卸（装）车（船）、进出港的带式输送机上设有皮带秤，皮带秤提供累计量和瞬时流量数据，用于指导生产作业。皮带秤提供不同协议的数据传输接口与控制系统PLC进行数据通信，或者中央控制系统直接通过输入模块采集皮带秤累计量和瞬时流量信号。

（3）各单机控制

煤炭码头装卸工艺生产组织是以作业流程为单位的，一个作业流程涉及多条带式输送机和相关单机，包括翻车机、码头装（卸）船机、堆场各种堆取单机、卸料小车等，虽然各单机作业有自己独立的控制系统，但它们之间首先必须保证基本的流程作业联锁关系，同时也包括相关生产作业信息的传递，尤其是无人自动化作业工况，更需要更大量和广泛的信息交互。中央控制系统与各移动单机之间通常采用光纤、硬线联锁、无线等组合方式进行冗余通信，以提高通信可靠性，与翻车机、装车楼等固定场所装卸设备控制系统一般采用光纤方式进行通信。

（4）除尘泵房系统控制

除尘泵房主要用于煤炭码头生产用水供水和消防，包括堆场喷枪洒水、各机房和单机的干雾抑尘用水、各机房和码头等地面冲洗及室内外消防用水，单机洒水除尘用水等。

1）除尘泵房系统的控制方式

除尘泵房控制系统设置单独的可编程控制器系统（PLC），与中央控制系统通信采用光缆，一般以工业以太网方式通信。

操作方式有三种，即泵房控制室自动/手动、现场手动。自动/手动控制方式转换开关设置在泵房控制室的控制台上。

具体控制内容包括：

① 除尘生产用水系统和消防系统的供水泵控制。

② 除尘泵房设有水池，系统采集水池水位，设置高低水位报警位，水位高度信号和高低报警信号进入PLC，报警时控制室内有声光显示。

③ 除尘泵房各出水管设置流量、压力传感器，控制系统根据流量及压力的变化决定水泵运行台数。

④ 控制室的HMI监控站根据不同的供水管网系统和工作区域，分画面显示工作状态。监控站显示内容包括：水池的水位显示、管网泵组的瞬时流量和累计流量显示、泵组运行状态的显示、设备故障显示、控制室电源状态显示、中压泵电机供电回路状态和过负荷显示等。

⑤ 除尘泵房控制系统与中央控制系统保持数据通信，完成除尘泵房系统的工作。

⑥ 除尘泵房设置温度检测仪表，检测户外温度并和各类电伴热装置联锁。

2）筒仓消防炮系统控制方式

当煤炭码头堆存工艺为储煤筒仓形式时，一般设置有筒仓消防炮系统。筒仓消防炮系统是筒仓顶部带式输送机廊道内的主要消防设备，用于输煤带式输送机和卸料小车等筒仓顶部带式输送机廊道内输煤设备的消防。消防炮系统有控制室远程操作和无线电遥控操作两种方式。消防炮布置在筒仓顶部带式输送机廊道两侧墙壁上，每台消防水炮根据需求单独或同时工作，电动阀门与消防炮联动使用。消防炮在无线电遥控功能方式下，每套无线电遥控系统可控制相关消防水炮的回转、俯仰、直流/扇形转换和相关电动阀门的动作。无线电遥控操作方式优先于控制室远程操作方式。

3）与其他给水排水设施数据传输方式

除尘泵房控制系统与供水调节站、生活污水处理厂和煤污水提升泵站等其他水系统通过以太网交换机的光缆接口与除尘泵房控制系统连接并进行数据传输。

（5）其他相关系统的联锁控制

1）采制样系统的联锁控制

采制样系统负责对输送的煤炭进行检测和种类确认。采制样系统在带式输送机运行且有煤炭的情况下根据采制样需求控制自身系统运行，在带式输送机因故障或正常停止作业而停机时，采制样系统即刻停止。反之，当采制样系统初采机故障时，带式输送机系统立即停止运行，以免造成带式输送机皮带撕裂等伤害。

中央控制系统与采制样控制系统之间的信号传送有数据通信和I/O（输入/输出信号）两种方式，主要传输内容包括：

中央控制系统发送至采制样控制系统信号，包括带式输送机的运行准备信号、运行工作信号、运行停止信号、故障信号、急停信号、煤流信号、皮带秤的瞬时流量信号、累计量信号；

采制样控制系统发送至中央控制系统信号，包括采制样系统运行准备信号、运行工作信号、运行停止信号、故障信号、初采机故障信号、急停信号。

2）其他系统和工程联锁

控制系统的 PLC 考虑与其他系统和工程（已建工程和预留工程）进行联锁控制和数据通信，具有可开放性和更新升级的方便性。

4. 控制系统 HMI

（1）HMI 监控显示内容

控制系统以设于控制室的彩色图形工作站为 HMI，对工艺输送系统和除尘等设备进行控制，完成生产工艺流程中作业的设备控制、系统操作、流程画面及图形显示、监控等工作。

控制系统通过 HMI 动态显示工艺流程的作业情况，主要显示内容包括：

① 工艺系统全貌显示，流程显示；

② 各类带式输送机保护检测装置的显示；

③ 带式输送机系统的运行状态和故障显示，带式输送机系统的运行、故障、空载、重载显示；

④ 各带式输送机制动器限位开关状态显示；

⑤ 带式输送机溜槽挡板、可提升导料槽、伸缩装置、除水器的位置显示；

⑥ 磁分离器的运行状态和故障显示；

⑦ 除尘系统运行和故障显示；

⑧ 皮带秤瞬时值和累计值显示，设定值显示，作业总量显示；

⑨ 采制样系统运行和故障显示；

⑩ 单机行走、伸缩、回转和俯仰位置信号显示；

⑪ 各单机的运行状态和故障显示；

⑫ 除尘泵房主要设备运行和故障显示；

⑬ 中控室电源显示；

⑭ MCC（电机控制柜）回路的电源、运行及过流状态显示；

⑮ 所有设备的故障报警显示；

⑯ 工艺系统总体模拟画面；

⑰ 区域模拟画面；

⑱ 流程模拟画面；

⑲ 带式输送机的模拟画面，显示每条带式输送机的所有运行设备和保护装置的状态；

⑳ 单机模拟画面。

控制系统根据上述 HMI 的各类显示画面，按照工艺操作需要选择流程，并经流程确认后，按逆料流方向顺序启动流程设备，完成流程启动。当流程运行完成设定量后，按顺料流方向顺序停止流程设备。流程正常运行时，也可根据作业需要进行流程切换，在启动新的流程设备后，自动停止上一流程的设备。

HMI 除具有监控、操作功能，还具有以下功能：

① 显示各种流程，按照管控一体化提供的流程信息进行作业；

② 显示设备和系统故障及人为故障。包括所有设备的故障信号、现场装置的报警信号、各单机的故障信号，洒水系统、除尘系统、采制样系统的故障信号等；

③ 流程操作记录；

④ 对控制系统网络数据有足够的处理速度和图形画面快速响应时间；

⑤ 流程启动/停止等重要按钮设置确认提示信息和程序保护；

⑥ 根据系统接收和显示的故障信息，指示故障所在流程、区域，故障设备名称和信号，故障时间和原因，系统故障时输出的总吨位，打印出中文故障记录，并有声光报警信号输出。

（2）HMI 监控显示层级

HMI 的流程画面允许至少三级可放大的显示画面。第一级是总的系统画面和总的工艺流程；第二级是所选流程、子区域和各子系统及相关操作区域等，第三级是设备及辅助设备，包括控制元件、限位开关、各类检测元件等控制设备参数。流程显示、流程选择、流程运行时选用不同的颜色、背景和闪烁用于区分不同的流程状态。按照实际需要，文本和数字数据也能在流程画面上显示。

在三级画面显示中，能通过鼠标和下拉菜单操作选择需要的某个菜单画面、系统概貌图画面，如某个流程的具体画面、菜单画面、流程图画面、控制分组画面、趋势画面、报警画面、系统状态画面、物料流向画面，画面中能够显示图形、符号、趋势图、文本、棒形图等多种组合。控制系统流程画面的设计应充分考虑画面的整体布局、视觉效果、配色等因素，以满足使用要求。

（二）现场保护装置控制

煤炭码头带式输送机设置现场保护装置，以保证系统安全可靠运行，主要包括拉线急停开关、跑偏检测开关、速度检测开关、纵向撕裂检测器、溜槽堵塞检测器、料流检测开关、声光报警器等。

1. 拉线急停开关

拉线急停开关安装于带式输送机的两侧的桁架上，用钢丝绳沿着带式输送机两侧把开关连接起来，一般左右各设置一个，间隔为50m。当带式输送机发生紧急事故时，在现场沿线任意处拉动钢丝绳，钢丝绳牵动驱动臂旋转，通过传动轴带动扭力弹簧使精密凸轮发生位移驱动控制线路，使得带式输送机停止运行。

拉线急停开关的动作信号可一组（一个）或几组（单侧的几个）合并进入PLC，PLC能检测出一组或几组开关的状态，信号一般采用硬线连接方式接入数字量输入模块。在拉绳开关动作时，HMI能够准确显示动作的一组（一个）或几组（单侧的几个）开关。同时所有拉绳开关的一组常闭点串联成一个硬线回路，接入到变电所内的带式输送机控制硬线急停回路。

2. 跑偏检测开关

跑偏检测开关的作用是检测带式输送机运行状态，在严重跑偏时，使带式输送机自动停机。跑偏检测开关较通用的设置规则为：一般设置在距离机头和机尾卸载滚筒约5~10m的位置处各安装一组跑偏开关，距离较长的带式输送机可在皮带中段均匀设置1~2组跑偏开关。检测开关安装高度要适中，确保当带式输送机的皮带发生跑偏时，皮带推动跑偏开关臂式滚动导杆，一般当偏离夹角大于20°（允许误差±3°）时，跑偏开关动作。

跑偏检测开关设有两级保护动作开关，第一级为皮带轻跑偏时，跑偏检测开关向控制系统发出跑偏报警信号；第二级为重度跑偏时，跑偏检测开关向控制系统发出故障停机信号，使带式输送机停止运行。每个跑偏检测开关都需要单独采集到PLC输入点，在跑偏检测开关动作时，HMI能够准确显示动作的开关。信号一般采用硬线联锁形式。

3. 速度检测开关

带式输送机速度检测开关一般由继电器、连接轴、触轮以及支臂等构成，安装在每条带式输送机的从动轮上。触轮随皮带运行而带动内部脉冲盘旋转，产生磁感应信号输入到内部控制电路，信号经过发送、放大，输出后进行计数，将计数值与预置值相比较，判断皮带的状态是否正常、失速或断裂等，并将皮带的失速和断裂状态信息送至控制系统，信号一般采用硬线方式输入到PLC系统的数字量输入模块。

4. 纵向撕裂检测器

带式输送机的纵向撕裂检测方式一般有胶体检测式、嵌入式、漏料检测式、超声波式等。以胶体检测式为例，当一条带式输送机有多个受料点时，设置相同数量的纵向撕裂检测器。胶体检测感知器是纵向撕裂的检测元件，当带式输送机皮带有异常情况或被异物穿透后，随着皮带的运行异物使胶体检测感知器受到挤压，这时监控装置立刻发出信号，输送到控制箱指令系统，向控制系统发出报警和急停信号，使带式输送机系统立即停机。信号一般采用硬线方式输入到 PLC 系统的数字量输入模块。

皮带撕裂检测一直是行业难题，各种检测方式不能完全准确检测到所有的撕裂形式，且预知性程度不高。煤炭码头带式输送机运行速度很高，惯性很大，即使检测到撕裂并停机，直至停机时，常常几十米的皮带已经被损坏。随着技术的发展，目前有图像检测、导磁橡胶检测、超声波检测、金属线圈检测等形式推出，但是在经济性和使用的可靠性、普遍性方面与普及推广应用还有一定的差距。

5. 溜槽堵塞检测器

带式输送机转接点的溜槽和分叉溜槽一般设置溜槽堵塞检测器。溜槽堵塞检测方式主要有门式、链条式、阻旋式、行程开关式等。以门式结构为例，一般安装在每个带式输送机转接点的溜槽和分叉溜槽的下部侧壁上，且能避开物料冲击部位。当物料在溜槽中造成堵塞时堆积的物料必定给溜槽侧壁一个压力，从而将监测装置的活动门向外推移。当活动门偏转角度大于受控角度时，其控制开关动作，发出报警信号，带式输送机停止运转。堵塞故障排除后，活动门自动复位。信号一般采用硬线方式输入到 PLC 系统的数字量输入模块。

6. 料流检测开关

带式输送机设置料流检测开关，传统的机械式料流检测开关主要有负荷型、铁链型、滚轮型等，目前还有超声波型、图形成像型等。以负荷型为例，一般安装在带式输送机落料口且物料运行稳定处的皮带下面，选择皮带有物料时下沉量比较大的地方，最好是两个托辊之间，以便及时检测带式输送机上是否有物料。当皮带上有物料时把检测器顶部的托辊压下，带动内部感应部件移动使其接近开关动作，输出料流信号。信号一般采用硬线方式输入到 PLC 系统的数字量输入模块。

7. 声光报警器

声光报警器具有多种音调报警提示，对生产作业流程启动预警，保护调试、维修和巡检人员身安全起到重要作用。声光报警器布置于转接机房、带式输送机沿线。声光报警器的布置位置选择在当所选流程启动时，相应带式输送机沿线均能清晰听到报警声和看到报警信号的位置为宜。

8. 限位开关

限位开关主要包括溜槽电动闸板限位开关、除水器位置检测开关、带式输送机电机内部超温报警开关、带式输送机制动器释放开关、带式输送机张紧限位开关、液力联轴节过温检测开关、提升裙板上下位置开关等。信号一般采用硬线方式输入到 PLC 系统的数字量输入模块。

9. 储煤筒仓保护设备

堆存工艺采用储煤筒仓形式时，储煤筒仓设有筒仓顶卸料小车精确定位系统、筒仓安全监测系统等。

（1）筒仓顶卸料小车精确定位系统

卸料小车是筒仓上料装置，通过沿轨道往返行走，将带式输送机物料按作业要求准确地卸到指定目标料仓。为保证定位准确，采用绝对值编码器和格雷母线精确定位技术对卸料小车的位置进行实时检测，同时轨道两侧设置仓位限位开关进行校准。卸料小车配置单独的 PLC 系统，控制卸料小车运行到指定位置进行作业。与中央控制系统进行通信连接，实现无人自动作业。

（2）筒仓安全检测系统

筒仓安全监测系统由现场检测设备、监测系统及联锁控制设备等部分组成。每个筒仓内部设有雷达料位计、水银料位计、筒仓储煤温度检测和仓内可燃气体（一氧化碳及碳氢混合物气体等）检测等检测设备和检测仪表。同时进仓前置带式输送机设置红外热成像检测系统，发现输送煤炭超温则向中央控制系统发出报警，启动旁路流程，避免高温煤炭进入筒仓；仓顶配置红外烟雾探测器，对输送区域进行火灾报警检测。

以国能黄骅港煤炭码头三期、四期工程为例，筒仓仓顶房内设置独立的筒仓安全监测 PLC 站，筒仓安全监测系统全面监测筒仓状态。安全监测系统 PLC 监控站通过光纤工业以太网与中控室进行通信。

1）筒仓料位检测

每个筒仓设置 6 套雷达式料位计并与仓底的 6 个出料口相对应，连续料位测量时，监控管理系统将根据进出料点的变化修正测量结果；每个筒仓设置 8 套水银式倾斜高料位检测开关与进煤带式输送机联锁，防止溢仓；雷达式料位计和水银式倾斜料位检测开关通过数据通信接入现场 I/O 站，与中央控制系统 PLC 传送相关数据。

雷达料位计可适用高粉尘、高噪声、有一定振动的环境，具有穿透能力强、不受噪声、振动影响等功能。

2）筒仓可燃气体浓度监测系统

每个筒仓仓顶分别设置两个一氧化碳和碳氢化合物气体检测装置对筒仓内部进行可燃气体检测，气体监测控制器将检测数据通过总线或其他方式传输至 PLC 系统。气体检测装置采用防爆设备。

3）筒仓温度检测系统

① 测温电缆

测温电缆在筒仓顶部设置悬垂至筒仓内，测量筒仓内不同煤层温度，筒仓设置测温电缆数量通常不少于 6 根。测温电缆内设置热点探测器，每根热点探测器采用不锈钢钢丝绳保护固定。现场采集单元通过现场总线采集每根测温电缆的各热点探测器温度值，设定温度超限报警值，将信号传输给监控系统进行显示、报警和作业联锁。

②铂热电阻温度计

在筒仓壁上煤炭易堆积处设铂热电阻温度计，进行局部高温危险点温度检测。PLC对现场采集单元巡检并读取数据，实时显示筒仓温度，设定温度超限报警值，其信号传输给监控系统；当温度超限后可立即将煤炭外运，以保障筒仓内安全。

测温电缆及插入式温度检测装置均为粉尘防爆设备。

4）筒仓顶廊道上部烟雾浓度监测

在筒仓顶廊道上部设置烟雾浓度测量装置，每个仓上部设置一套；烟雾浓度测量装置报警信号传输给监控系统；烟雾浓度测量装置报警确认后可与筒仓消防炮进行联锁。

10. 无线测温系统

为提升设备故障诊断水平，煤炭码头一般配置无线测温系统，对现场重要部件如滚筒、减速机等进行温度实时监测。

无线测温系统通过无线的方式采集现场各测温设备温度信号，进行分析处理后，将温度信号传送到中控室的监控主站，当检测到设备温度升高时，设于中控室的监控主站可发出报警信号。该方式可节约电缆，并解决局部电缆敷设路由及供电电源不具备难题，灵活方便，但系统在稳定性和可靠性方面仍需提高。

11. 光纤测温系统

为保证带式输送机的安全运行，在变电所电缆夹层高压电缆桥架内、配电间电缆桥架和翻车机廊道下的带式输送机的托辊和滚筒等存在火灾隐患部分敷设分布式光纤温度传感器作为测温介质，用于测量上述电缆桥架和带式输送机托辊温度，测温信号传入控制室。

光纤测温系统具有结构紧凑，抗干扰，适合远距离传输、大范围检测等优点，逐渐在散货码头系统中得到应用。

（三）其他系统

1. 工业电视系统

港口工业电视系统主要监控生产区内堆/取料作业、各类设备运行状态、人员动态、交通状况等。系统监控范围包括带式输送机沿线、转运站、筒仓、堆场、港区主要道路、各个变电所及其他重要场所。

大型港口还配置边检视频监控系统和海事视频监控系统。边检视频监控系统，实现对码头区域外轮外籍人员有效控制和管理，海事视频监控系统实现对码头靠泊及港池航道区域的有效监控。

(1) 系统架构

工业电视系统包括前端图像信息采集系统、网络传输系统、数字视频图像管理系统、图像存储系统、图像显示系统及相应的管理控制和应用软件。前端图像信息采集系统主要包括摄像机、镜头、云台、防护罩以及前端供电、防雷设备等。传输系统由数字网络系统网络交换机、IP网络组成。数字视频综合管理系统包括数字视频管理软件和服务器等。图像存储系统由图像数字化存储和控制设备等构成。图像显示系统主要指高清视频解码器和视频显示装置和软件等。

随着数字化技术的发展,数字化摄像机已替代模拟信号摄像机,视频图像的传输、存储、管理均构建在高质量的IP网络之上,采用开放的IP架构、基于全IP软交换技术实现所有业务流的交换分发,实现控制指令与视频交换承载网络相分离。

(2) 显示装置

在中央控制室设置电子显示屏。电子显示屏可对视频信号、各种计算机信号及各种计算机图形信号进行综合显示,形成一个查询准确、显示全面、操作简便、管理高效、美观实用的信号监控管理系统,便于管控中心的值班人员迅速方便地了解整个港区的设备运转情况及作业情况。电子显示屏安装于管控中心操作台前面的墙体上。

2. 调度通信和自动广播系统

(1) 调度广播电话系统

调度广播电话系统用于装卸作业中的实时调度与联络及操作流程自动播放。系统主控终端设在中央控制室,在中控室、带式输送机沿线、转接机房、带式输送机驱动站、除尘泵房、采制样控制室、码头、变电所等处设调度广播电话终端。翻车机房、堆取料机、装船机、卸船机等一般设置小型调度通信系统,保证CCR调度广播电话系统正常通信。系统具有全体区域呼叫和广播、分区呼叫和广播、单线通话等功能,可实现对播出的音频内容、时间、日期自由设定,并且具有自动分区广播和兼容多路外接媒体功能,可以任意选择播放,还可对扩音机、调音台等输出设备进行智能控制,硬盘式内存方便音频信息的存储,采用开放式音源软件平台,用户可任意添加/存录音频信息。具体功能包括:

① 生产流程广播。系统根据实际的生产流程情况进行相应的自动广播,广播内容事先录制,无需人工操作。生产系统与流程广播系统通过接口连接,为流程广播系统提供触发信号。

② 手动/自动选播。根据需要进行手动和自动播放的程序选择,并针对某些播放的需要,设置手动外控电源即播放开关。

③ 实现带优先级的广播。依据实际生产流程的具体情况,进行优先级的设定,如

有若干流程信息同时需要广播，系统可根据各个流程的优先级情况进行排队广播。

④ 自动分区广播。系统可实现外控多路手动/自动分区广播。

⑤ 外控媒体设备。系统具有多路外控媒体功能，对相关外围设备电源进行自动/手动定时开关控制管理。

⑥ 兼容多媒体播放。系统支持多种媒体格式，实现定时播放。

⑦ 调度广播系统的广播指令进行 24 小时不间断连续录音并能多路同步记录和回放；采用数字加密技术，分级管理数字语音使用权限，确保记录信息的安全可靠；系统采用开放式网络结构，支持网络接入和远程维护。

（2）系统软件要求

生产流程自动广播系统具有独立管理计算机，在计算机上安装流程广播管理软件，通过管理软件方便地对流程、音频文件进行更改、配置。

二、系统关键技术

（一）中央控制系统

1. 自动操作方式

当中央控制室操作台作业模式选择开关处于自动位置且现场机侧操作箱选择开关处于远控位置时，系统处于自动操作方式，该操作方式至少能完成以下控制功能：

（1）流程设定和选择。操作员对管控一体化系统下达的装船和卸车流程进行确认后，由控制系统进行流程操作。

（2）流程启动和停止。流程设定完成，启动流程中的带式输送机系统，启动前带式输送机沿线大功率声光报警器发出报警。启动顺序为逆料流启动或顺料流启动。正常停机时，流程的停止顺序为顺料流停机，即按照从上游设备到下游设备的顺序停机。

（3）故障停机和紧急停机。作业过程中如果设备发生故障，故障设备和上游设备立即停机，下游设备待物料排清后顺序停机。操作台上设有紧急停机按钮，当发生紧急情况时，操作员可以操作该按钮，使带式输送机系统紧急停机，该按钮与现场所有设备的急停联锁采用硬线方式。

系统在互不干涉且保证安全的前提下，允许多流程同时运转。如生产作业中有配煤需求，还能满足所有的配煤流程。

全流程智能化生产控制系统在上述功能基础上，提升了中央控制系统的一体化策略功能。中央控制系统通过对管控指令的解析，判断流程起点、终点等设备，自动生成对应指令的策略数据，策略数据主要包含起点位置、起点作业设备、终点位置、终点作业设备、带式输送机系统占用参数、回传数据采集源等。具体功能包括：

(1) 策略自动生成。中央控制系统通过对管控系统作业指令的全面解析,自动判断作业流程起点和终点,并在起点和终点之间自动规划作业流程装卸设备和带式输送机。控制策略的自动生成,显著提升了中央控制系统的操作准确性和响应时间,是散货港口全流程智能化生产系统的神经中枢。

(2) 自动化流程控制。通过对带式输送机等附属设备进行流程规划,设计流程锁定、准备、启动、停止、释放的控制顺序,即根据作业指令选择相应作业流程并锁定占用,其他相关流程无法调用占用设备,流程准备时所有辅助设备如翻板、伸缩给料装置、提升导料槽等自动运行至本流程工作位置。流程启动为逆序启动,充分保证带式输送机系统物料运输安全,流程停止时沿运料方向顺序精准停止带式输送机,充分节能,流程停止完成后,释放流程内所有设备。

当流程开始准备时,中央控制系统向各单机自动作业系统下发准备指令,各单机根据中央控制系统的准备指令,自动向作业位置运行,并在到达指定位置后向中央控制系统反馈;当流程启动时,中央控制系统根据流程启动相关联锁,对各单机的自动化控制程序进行远程启停。

在流程运行过程中,发生设备故障时,自动控制系统分析故障类型,当故障为短时间内可恢复型故障时,仅停止流程内受故障影响的设备,待故障恢复后重新启动,减少流程恢复启动的时间;当故障为长时间可恢复型故障时,自动控制系统停止流程内所有设备,并提醒作业监控人员及时更换流程。流程切换时,自动控制系统自动判断是否存在共用设备,切换时保持共用设备运行,充分缩短流程切换时间。

2. 集中手动操作方式

当中央控制室操作台作业模式选择开关处于手动位置和现场机侧操作箱选择开关处于远控位置时,系统处于集中手动操作方式,操作人员通过HMI的鼠标或操作键盘逐个启动设备,该种操作方式下的设备运行不解除本设备的联锁控制关系。当遇有故障时,故障点上游设备立即停机,故障点下游设备顺序停机。

3. 现场机侧操作方式

当现场机侧操作箱选择开关处于机侧位置时,自动操作方式解除联锁,通过现场设备附近的就地操作箱,操作设备进行仅带拉线急停和操作箱急停联锁的运行。现场机侧操作方式不通过PLC,但PLC能监测其状态。该操作方式主要在现场设备的维修和设备调试时使用,不作为正常的生产作业操作。

(二) 单机集控技术

翻车机、卸船机、卸料小车、堆料机、取料机、装船机等单机设备设有独立的PLC装置。在生产流程中,各单机与带式输送机之间有联锁,各单机按照控制室的命令信号进行工作,同时反馈各类状态信号,以便控制室实时监测各单机状态。

1. 翻车机

控制室通过光缆和硬线联锁与翻车机控制系统进行数据通信和信号传输。翻车机设备的系统状态信号及主要设备运行信号、故障信号、各机构位置信号、皮带秤瞬时及累积流量、已翻卸车皮、正在作业车皮等有关信号被传送至控制室。控制室将翻车机地面带式输送机的工作状态和故障状态信号等有关控制信号传送至翻车机控制系统。翻车机与地面带式输送机系统的流程联锁控制同时通过硬线信号实现。

翻车机控制技术的详细描述见本章第三节"翻车机全自动系统"相关内容。

2. 卸船机

卸船机种类很多,主要有桥式抓斗卸船机、链斗式卸船机、螺旋卸船机等。桥式抓斗卸船机是应用较为广泛的一种,其与中央控制系统通过无线通信、光缆通信及硬线联锁进行数据传输。卸船机的系统状态信号及主要设备如行走电动机、小车电动机、抓斗电机、尾车带式输送机等状态信号,各机构位置信号,皮带秤等有关信号被传送至中央控制系统。中央控制系统将相邻单机的行走位置信号、单机碰撞信号和地面带式输送机的工作状态、故障状态信号等传送至卸船机。卸船机与地面带式输送机系统的流程联锁控制同时通过硬线信号实现。

卸船机控制技术的详细描述见本章第五节"远程卸船技术"相关内容。

3. 卸料小车和活化给料机

储煤筒仓的卸料系统主要由带式输送机和筒仓上方布置的卸料小车组成。卸料小车通过自身的往返行走,将来料卸到指定目标料仓中以完成卸料作业。

卸料小车可实现无人和有人操作。控制室通过无线、光缆及硬线联锁与卸料小车控制系统进行数据传输。卸料小车系统所有的状态信号及主要设备如行走电机等的工作状态和故障状态信号、行走位置信号等有关信号被传送至中央控制系统。中央控制系统将带式输送机的工作状态、故障状态信号及启停信号等有关控制信号传送至堆卸料小车。卸料小车与地面带式输送机系统的流程联锁控制同时通过硬线信号实现。

仓底设有多台活化给料机,作为筒仓出煤装置,活化给料机可实现给料量的精确控制。如有混配煤作业要求,控制室操作人员可根据不同配煤比例,通过控制不同煤种的储煤筒仓仓底出料口活化给料机的出料能力,达到精确配煤效果。

为预防各出料口不均造成的筒仓料位不平衡,带式输送机运行时,根据作业筒仓带式输送机皮带秤预设定值,两条带式输送机自动切换工作;利用筒仓内部料位测量装置检测筒仓不同位置煤位,当出现不平衡时自动切换至另一条带式输送机工作,料位检测的联锁切换高于皮带秤的联锁切换。

4. 堆取料机

中央控制系统通过无线通信、光缆通信及硬线联锁与堆场单机堆取料机控制系统进行数据传输。堆场单机状态信号及主要设备如行走电动机、斗轮电动机、俯仰电动机、回转电动机、臂架带式输送机及尾车带式输送机等状态信号、各机构位置信号、皮带秤瞬时及累积流量等有关信号传送至中央控制系统。中央控制系统将相邻单机的行走、旋转、俯仰位置信号、堆场料堆信号、单机碰撞信号和地面带式输送机的工作状态和故障状态信号等有关控制信号传送至堆场单机。堆场单机与地面带式输送机系统的流程联锁控制同时通过硬线信号实现。

堆取料机控制技术的详细描述见本章第四节"无人化智能堆场系统"相关内容。

5. 装船机

中央控制系统通过无线通信和光缆通信及硬线方式与装船机控制系统进行数据传输。通过无线通信和光缆通信，将装船机系统状态信号及主要设备如行走电动机、俯仰、臂架伸缩、臂架带式输送机等状态信号、位置信号、移舱状态信号等有关信号传送至中央控制系统，中央控制系统将相邻装船机的行走位置信号、皮带秤信号、单机碰撞信号和地面带式输送机及取料机的工作状态和故障状态信号等有关控制信号传送至装船机。装船机与地面带式输送机系统的流程联锁控制同时通过硬线信号实现。

为了防止码头上装船机之间的碰撞，装船机行走、伸缩、回转和俯仰位置信号被传送到中央控制系统 PLC 进行计算，当计算结果显示有碰撞的可能时，发出报警信号，引起有关操作人员的注意。如果两机或两臂之间的距离继续减小，则发出紧急停车信号，移动运行自动停止。

装船机控制技术的详细描述见本章第六节"智能装船系统"相关内容。

（三）煤炭码头生产调度方案

煤炭码头生产调度的规划和运行是纷繁复杂的，涉及多种工况和条件，生产调度和规划运行的智能化研究也是煤炭码头智能建设的目标之一，以煤炭码头生产调度为研究对象，开展数学建模技术、仿真与数字化等技术的研究，形成一套智能生产管理系统，为煤炭码头智能生产助力。下面参照国能黄骅港煤炭码头智慧建设研究进行介绍。

1. 基于运筹学的生产调度模型

港口生产三要素卸车、堆场、装船之间是非常复杂的系统行为，相互作用严重，如孤立地考虑单个因素，是无法取得全局最优结果的，除此之外，设备维修对生产有着显著的影响，是不可忽视的另外一个重要因素，因此，对于生产调度模型进行研究，需要在对卸车调度、装船调度、堆场管理策略、设备维修调度四个子模型充分研究的基础上，建立一体化生产协同调度模型。调度模型应具备时间与空间上的扩张性，自适应港口设备设施的变动与不同的调度周期。具体内容如下。

（1）卸车调度子模型

综合考虑火车到车时间、车型、煤种、到车量，翻车机可接卸车型、流程可达性，堆场场存煤种、堆存量，在港及锚地船舶需求等约束条件，实时决策火车对位的翻车机、使用的流程、堆存的垛位。

（2）装船调度子模型

综合考虑堆场堆存煤种、堆存量，泊位等级、流程可达性，船舶吨位、装船煤种、装船量、可用配煤方案、靠泊优先级、到车煤种、车型、到车量等约束条件，建立装船调度模型，周期性或实时决策船舶停靠的泊位、装船采用的配煤方案、使用的流程、取料的垛位。

（3）堆场管理策略子模型

综合考虑到车资源、装船需求、堆场场存情况、流程可达性等条件，建立堆场管理策略模型，提出有效的堆场利用评价指标，从全局优化的角度量化分析当前策略对港口绩效指标的影响，并能自动寻找最佳策略，决策堆场中煤种的分布、垛位的大小及个数配置。

（4）设备维修调度子模型

综合考虑设备维修需求、备件情况、维修力量配置、铁路天窗、生产进度、到车资源、装船需求等条件，建立设备维修调度子模型，协同生产调度模型，生成不同周期的维修调度方案。

（5）一体化生产协同调度模型

综合考虑子模型系统间关键数据互通反馈的方式与内容，形成子模型系统间的协同互动，对调度周期内总体生产运营状态作出科学判断，生成调度模型总体目标，并细化分解至各子模型系统。

生产调度模型作出的全部决策，均能给出明确的量化分析指标，如涉及人机交互决策，则明确指出不同决策下的关键绩效指标区别。

2. 基于仿真与人工智能技术的调度优化方法

基于运筹学的调度模型从理论上是可以得到全局最优解的，但同时又有所局限，一方面模型性能依赖于对系统特性的准确描述，另一方面求解时间不确定。因此，融入仿真技术与人工智能技术对于提高模型性能是很必要的。

（1）建立动态仿真模型，精确细节化地模拟再现港口生产运行状况，一方面能对不同调度策略下的系统响应作出精确的量化描述，便于人工运营经验的集成与调度模型效果的检验；另一方面，细节化的生产仿真能进一步甄别生产影响关键因素，以利于调度模型规模的适度调整，加快求解速度。

（2）从影响调度模型求解效果的关键因素着手，开展基于约束规划及机器学习等人工智能技术的研究，加快调度模型求解的速度。

3. 系统架构设计与生产组织优化

前两部分内容的确立是基于生产环节而非生产组织流程，因此，需要从系统架构设计与生产组织优化着手，将前两部分成果融入日常生产组织运行。

（1）系统架构设计明确系统的子系统构成、各子系统功能、输入输出定义，以及与港口生产系统及铁路、销售、海事等相关单位的数据交互方式，同时系统具备友好、数据丰富的人机交互界面。

（2）形成与系统运行相匹配的生产组织模式。

（四）信息管理技术

管理信息系统总体架构应按照"统一规划、分步实施、数据共享、业务导向"的方针，以信息流为主线，统筹规划港口信息化发展方向和目标，促进港口信息化的可持续发展。下面参照国能黄骅港煤炭码头信息管理建设情况进行介绍。

系统应用包括生产作业层、经营管理层、生产决策层、基础服务层等。系统设计过程中，通过深入了解港口发展模式和客户需求，从港口全局出发进行系统的建设。同时，港口建设符合核心业务流程需要，基础设施架构联合安全和支撑体系为管理信息系统运行提供可靠的保障。

1. 生产作业层

生产作业层面向生产操作和管理人员，生产控制采用实时控制方式，该方式将港口生产作业的每个环节都纳入受控范围，进行动态优化调度，保证生产效率最大化。

生产作业层将监控生产作业，合理调配人力、机械、库场等重要元素；完成基层的快速信息统计分析，监控企业资产利用情况，核算人力、资产费用情况，为经营管理层和分析决策层提供统计数据。生产作业层主要包含以下功能，其目标是覆盖港口企业主营业务和最关心的业务。

（1）生产作业管理：针对港口生产作业流程进行控制管理，并通过与控制网进行数据交互，进行生产作业的实时管理。

（2）企业资产管理系统：所有设备的台账履历管理，港口设备的维修、保养、检查、物资需求计划、采购、仓储管理。

（3）大机远程监控系统：所有大机及中控系统的设备状态监控、故障报警记录和历史信息浏览统计。

2. 经营管理层

经营管理层是面向经营管理人员,包括市场经营、费用管理、客户服务、客户关系管理等。经营管理层将完成全港货源、客户、生产情况、财务、设备等信息采集,宏观监控和指导全局生产作业,向分析决策层提供数据,满足生产经营分析的需要,结合并利用互联网络为客户提供更为便利的网上服务等。

3. 分析决策层

分析决策层是面对管理决策人员,利用数据库技术,进行生产统计分析、市场分析等,为管理决策人员提供决策依据。

该层主要以生产作业层、经营管理层数据为基础,采用数据库技术进行数据挖掘,充分进行数据统计分析,以表格和图形的形式,全面、直观、详细地为管理决策人员进行决策提供有力的数据支持。

4. 基础服务层

(1) 基础代码管理系统

在港口范围内建立统一的基础代码管理系统,彻底解决由于基础代码不统一而造成的数据分散、冗余以及不一致等问题,为各应用系统之间充分实现数据共享及进行协同工作提供基础保障。基础代码管理系统的建设将充分考虑港口企业信息化应用特点及发展趋势,全面、综合考虑各种信息化应用需要,建立合理、完善的基础代码管理库。

(2) 数据交换服务

考虑到各应用系统之间的数据交换需要,建立数据交换服务,制定统一的数据交换接口标准和数据验证原则,并通过灵活的技术配置,使各应用系统之间能够准确、快速地进行数据交换,实现高效和紧密的数据关联,有效实现各应用系统间数据的充分共享,避免信息孤岛现象的出现。

第三节 翻车机全自动系统

一、系统介绍

翻车机全自动控制系统是一种通过 PLC 系统控制,进行定位车系统、翻车系统和给料系统全自动联锁运行的自动控制系统。可实现对车完成后一键启动,作业过程无需人为干预,系统自动控制各设备运行节拍;同时给料系统与带式输送机系统通过数据通信和联锁,实现流量精准控制、料仓均衡下料和应急联锁功能。

二、关键技术

（一）翻车机自动给料技术

翻车机自动给料技术是翻车机全自动运行的关键，直接影响全自动运行的效率。翻车机给料方式按参考依据分类有高度式给料系统、重量式给料系统。无论哪种自动给料方式，其关键点都是料仓内物料多少的实时监测。

根据高度式给料系统和重量式给料系统的特点，料仓内物料检测手段主要有物料高度实时监测和物料质量实时监测。

1. 物料高度检测

由于料仓内在翻车卸料时会产生较大粉尘，对常规物料检测装置检测可靠性有较大影响，需采用对粉尘有较好抗干扰性的传感器进行高度检测，常采用高能声波物位计、高频雷达物位计等高性能传感器对物料进行实时监测。

2. 重量检测

对于粉尘较大的煤种，物料高度检测不能满足功能时，可采用料仓重量检测的方式，对料仓物料量进行检测。通过在料仓主结构支撑点处设置压力传感器，检测料仓整体重量来判断料仓内物料多少。

翻车机自动给料技术，就是通过物料检测系统反馈的每个料仓内物料的多少，结合总体给料瞬时量要求，按比例分配每个料仓的下料速度，通过闭环控制实现各料仓内高度同步下降，使给料系统效率最大化。料仓给料速度闭环控制逻辑图如图4-1所示。

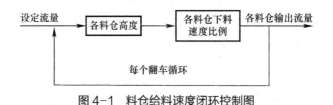

图4-1　料仓给料速度闭环控制图

3. 漏斗给料系统联锁

翻车机漏斗底部设置活化给料机或振动给料机，用于控制翻车机下游带式输送机给料。活化给料机或振动给料机与中央控制系统进行联锁，通过对翻车机底部带式输送机运行状态和中央控制系统发送的允许给料信号实时监测，控制活化给料机的启动和停止。

当翻车机下部带式输送机启动，并收到中央控制系统的允许给料信号时，活化给料机启动，开始均匀出料；当中央控制系统的允许给料信号消失或带式输送机停机，活化给料机或振动给料机立刻停止下料。

(二)多车型自动适应技术

多车型自动适应技术主要解决大型翻车机翻卸不同长度专用敞车的长短转换难题,同时实现底开门车通过大型翻车机系统的高效作业。

(1)延伸翻转平台,实现安全可靠地翻卸不解列的多种车型。

(2)在翻车机端环之间设置卸料槽,用于实现底开门车卡的不翻转卸料。

(三)翻车机全自动作业工艺

翻车机全自动作业工艺是由一个个基本翻车循环组成的,以贯通型布置摘钩翻车机为例,工艺流程如下:

(1)火车到达翻车机楼下后定位车移动到拨车位置等待拨车指令;

(2)拨车指令发出后定位车主臂伸出压下到位;

(3)定位车向前行走至一拨前进停车位;

(4)夹轮器夹紧,主臂收回;

(5)定位车向后行走至二拨起始位;

(6)定位车主臂伸出压下到位,夹轮器释放;

(7)定位车向前行走至出口摘车钩位置;

(8)夹轮器夹紧,定位车主臂收回、夹轮器松开,等待出口摘机头;

(9)机头摘完后夹轮器夹紧、定位车主臂伸出;

(10)主臂压下到位后夹轮器松开;

(11)定位车向后行走至四车寻钩位置,出入口光电管导通;

(12)夹轮器夹紧、靠车板伸出、压车梁压下、翻车;

(13)翻车机翻转到位后反转返回至零位;

(14)压车梁抬起、靠车板收回、夹轮器松开、定位车往前进车至后续四节进入翻车机内;

(15)出入口光电管导通后,重复步骤(12)、(13)、(14);

(16)剩余5节时,尾循环开始,夹轮器松开,辅臂伸出且辅臂钩头落销到位;

(17)定位车慢速向前行走;

(18)即将到达尾钩位置时超慢速对接;

(19)对接后辅臂钩头销子锁住;

(20)向后点动定位车确认是否扣紧;

(21)确认扣紧后,定位车向前行走推进1节重车进入翻车机;

（22）确认到达合适翻车位置（出入口光电管导通）后停车；

（23）出入口光电管导通后，重复步骤（12）、（13）、（14）；

（24）出口夹轮器夹紧、辅臂钩头提销；

（25）辅臂钩头提销完毕后，定位车向后行走脱钩；

（26）辅臂收回到位，定位车返回；

（27）出入口光电管导通后，重复步骤（12）、（13）；

（28）打开夹轮器、收回靠车板、压车梁升至最高位等待铁路牵空车。

第四节 无人化智能堆场系统

一、系统组成及功能

堆场设备主要包括堆料机、取料机、堆取料机及带式输送机等，负责煤炭的接卸与转运工作。无人化智能堆场系统通过空间定位技术、自动控制技术等实现散货堆场的智能化运行，主要包含堆场自动定位系统、堆料机自动堆料系统、取料机自动取料系统及安全防护系统等。

智能堆场系统的目的是改变现有堆场单机的分离的运行操作模式，建立系统总体结构，实现堆场单机的安全自动作业。港口智能堆场系统主要由五个子系统构成：堆场定位系统、堆料机自动堆料系统、取料机自动控制系统、单机防碰撞系统、三维建模系统。

（一）堆场定位系统

智能堆场系统涉及多个子系统间空间位置的实时感知，因此，建立一套标准统一、实时精准、稳定可靠的定位系统是实施智能堆场的前提和首要任务。

建立完整统一的堆场坐标系，可实现堆场全域的三维模型统一、各单机之间及单机与堆垛之间的防碰撞检测等功能。

1. 单机定位系统

智能堆场系统在每台单机安装了两套原理不同的定位装置，一套为高精度GPS定位装置、一套为绝对值编码器和RFID（无线射频识别）校正装置相配合的定位装置。两套定位系统互为冗余，一套定位系统出问题后可以快速切换到备用定位系统，降低了定位系统异常造成的停机停产，有效保证了单机安全高效地自动运行。

2. 高精度GPS多维空间定位系统

智能堆场高精度GPS系统基于RTK-GPS，在充分利用RTK-GPS系统定位精度高、数据实时性好、信号稳定可靠等优点的同时，改变了以往 GPS 数据需要借助服务器解析的模式，通过工业以太网连接 PLC 与 GPS，在 PLC 中对 GPS 数据进行解析与坐标转换，提高 GPS 数据获取的即时性与可靠性。

高精度 GPS 定位系统与编码器相比，有着绝对位置测量稳定、不受结构滑动误差影响、安装简单等特点；与 RFID 相比，有数据连续、精度高等特点。

3. 编码器二维空间定位系统

智能堆场系统在进行编码器定位系统设计时，从简化系统故障诊断与维护模式出发，可采用全以太网模式，单机 PLC 通过以太网连接编码器与 RFID 读写装置。沿堆场轨道方向每隔 10m 布置一个 RFID 标签，当单机行走至标签位置时，系统会自动对比编码器数据与标签预置数据，根据差值大小，分为正常、纠正与故障三种反馈状态，保证了编码器定位系统的正常运行。

（二）堆料机自动堆料系统

堆料机是散状物料连续作业常用重要设备，已广泛应用于多个行业。现有堆料机的操作模式基本上均为人工操作，堆料机司机的操作水平直接影响堆场区域的使用效率，在不同天气环境下，光线、尘雾等条件的变化给司机调整悬臂位置增加了更多的不确定性，难以保证堆场的最大使用率。同时由于劳动强度大，人员和设备存在一定的作业安全风险。

堆料机作业形成的垛型对后续取料机作业效率也有很大影响。国内主要煤炭码头堆料机或堆取料机堆出的煤垛都是尖顶垛，煤炭垛堆高度一般为 17m，取料机在尖顶垛第一层进行取料作业时，塌垛现象频繁，取料流量极其不稳定，严重影响取料机的取料效率和配煤效果，而且 6000t/h 取料机和 3000t/h 取料机分层情况不同，也影响取料效率。

为解决以上问题，智能堆场系统对堆料模式进行了更新，由尖顶垛变平顶垛，取料机分为三层取料，保证第一层取料时，不存在塌垛现象，取料流量稳定，保证取料机的取料效率和配煤效果。

堆料机自动化系统的主要功能是通过自动控制实现远程无人操作平顶堆料。

（三）取料机自动取料系统

取料机是散货码头取料作业的重要设备，是保证港口装卸作业效率的关键因素。传统的取料作业是通过取料机上配备司机进行人工操作的，人工操作在安全性和作业效率方面都存在不可控因素。取料作业操作动作繁多、复杂，对司机要求高。由于堆场垛位形状情况不尽相同，取料机司机在作业过程中，还要根据实际堆场垛型判断，进行相应的分层取料作业。夜间作业时，视觉的影响增加了取料作业不确定性。

取料机自动化系统是智能堆场系统开发的难点。在取料机自动化系统中，开发了基于多重检测的控制技术，应用于取料作业关键环节中，具体包括对垛、换层、到边检测及流量控制，采用的检测装置为广泛应用于工业场景的高频雷达与压力传感器。其中取料机到边检测采用三重保护技术，分别是实时料堆高度检测、雷达检测以及到边位置限制。在回转取料过程中，控制系统根据斗轮压力、回转速度、进车距离等数据实时计算当前取料位置料堆高度，只有计算出的料堆高度低于阈值，并且安装在臂架两侧的雷达探测出前方无物料时，才会发出预到边信号。同时从安全角度出发，在检测到预到边信号后，系统不会认为已经到边，而是要检查此时取料机所处的位置是否已在标准垛垛边位置或模型系统计算到边位置附近，只有在满足此条件的情况下，系统才会认为已经到边，否则将继续回转。

取料机自动取料技术，使单机作业从传统本地操作实现了远程无人自动控制作业，保证并提高了作业效率及生产作业安全性，减少了操作人员配置，节约了成本，提高了整个港口智能化作业水平。

（四）煤炭堆场单机防碰撞系统

煤炭堆场单机防碰撞系统是构建了独立的堆场防碰撞体系，用于堆场内单机防碰撞综合控制。

单机防碰撞系统采用三级防护机制，根据各个单机的实时位置与真实尺寸构建了三个区域（凸多边形）：机械结构区、禁止侵入区、报警区。根据固有建筑物的所在位置和真实尺寸也构建了三个相应区域，防止单机间、单机与固有建筑物之间发生碰撞。

单机防碰撞系统基于分离轴定理设计，充分借鉴了二维游戏中被广泛使用的碰撞检测方法和算法。分离轴定理研究两个凸多边形的相交问题，它指出：如果能找到一条轴使得两个物体（凸多边形）在该轴上的投影不重叠，则认为这两个物体不会发生碰撞。此分离轴就是上面所说的分离超平面的法线。堆料机和取料机均由臂架、配重、行走回转平台三部分组成，可以抽象成一个凸多边形。由于堆料机的行走回转平台没有与其他单机碰撞的可能，因此可将堆料机抽象成一个包含臂架机构的四边形。由于取料机的行走回转机构基本上可以被臂架和配重组成的多边形包含，因此取料机可抽象成一个包含臂架和配重机构的四边形。通过这两种简化就将检测两个复杂的凸多边形是否有重合的问题转换成相对简单地检测两个四边形是否有重合的问题。

（五）三维建模系统

散货堆场三维建模系统可对堆场进行数字化管理，通过在堆场统一坐标系中建立堆场内物料的三维模型，可准确掌握堆垛的位置、容积，并经过对三维模型数据的分析，形成指导堆场自动化作业的关键参数。

在众多堆场建模方案中，三维激光扫描仪是精度最高的建模方式，但从实际情况出发，异常紧张的生产作业使得系统对于模型更重要的诉求是可靠性与效率，一方面三维激光扫描建模易受到大雾粉尘等恶劣环境影响，不能全天候工作；另一方面，作业前后需要对垛位进行扫描建模而额外占用时间，这两方面均是大多数港口无法承受的。为了解决以上问题，提出了基于雷达的数学建模方案，在保证全天候工作与效率的同时，通过优化设计满足了系统运行对于模型精度的要求。

基于雷达的数学建模方案通过雷达采集的实时、真实的数据，实时校验数学模型，使之更趋近于真实情况。

1. 煤堆数学模型构建

建立堆场统一坐标系，以坐标系原点确定各单机大臂回转中心对应的位置，煤堆数学坐标模型如图 4-2 所示，以大臂的方向为 X 轴正方向；α 为大臂的俯仰角，h_1 为雷达距离煤堆表面的垂直距离，h_2 为雷达所对的煤堆上的点到地面的垂直距离，ϕ 为煤炭的安息角。

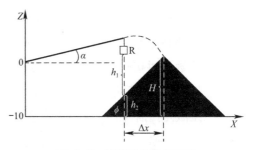

图 4-2　煤堆数学坐标模型

图 4-2 中 R 为高频雷达，安装在大机臂架最前面，配置一个随动调整机构，保证该雷达测试方向垂直向下。依据不同煤炭的动静安息角、颗粒度等建立煤炭垛堆的数学模型，堆料过程中，物料抛出曲线与物料特性、皮带速度、物料与皮带间的摩擦因数等相关，同时也与大机的动态参量俯仰角度有关，数学模型建立的煤料在地面上的落点根据这些参数动态变化进行实时校正修改。落料点位置坐标由大量现场试验以及 EDEM 离散颗粒流软件仿真计算得到。雷达的坐标已知，则可以计算出雷达与煤料点之间的水平距离 Δx。

h_1 由雷达准确测量，由雷达的三维坐标和 h_1 可以计算出 h_2。通过雷达测量并采样多组数据，应用最小二乘法进行拟合回归便可以求得准确的 H。在获得煤堆的各点 H 形成数据点云后，便可以建立煤堆的数学模拟模型。

2. 全天候煤堆建模系统

系统设置建模服务器，服务器部署建模软件和 SQL 数据库。硬件模块 eATM tManager 通过以太网负责 SQL 数据库与各单机控制 PLC 之间的数据交互。建模软件通过 SQL 数据库获取现场 PLC 数据，经过算法处理，发给控制单机的 PLC，给单机无人化作业提供数据支持。中央控制系统的管控中心可远程操控各单机 PLC，并监测各单机 PLC 与建模软件之间的通信链路是否正常。局域网用户可凭账号密码远程登录到服务器，进行煤堆模型浏览及参数修改等。基于雷达的数学模拟建模数据流如图 4-3 所示。

图 4-3　基于雷达的数学模拟建模数据流

二、系统关键技术

（一）垛堆三维建模技术

垛堆三维建模是对堆场中的垛堆进行精确建模，是煤炭码头堆场智能化控制和可视化管理的核心技术之一。目前对于物体的三维重建方法很多，在测绘方面比较成熟的激光扫描技术是主要方式，其实现途径包括固定式三维激光扫描建模、移动式三维激光扫描数据拼接建模，移动式二维激光扫描仪数据拼接建模等。激光扫描仪采集数据可靠性高、数据采集周期短，可以满足对扫描对象进行实时三维重建的要求。

二维激光扫描仪的单次扫描轨迹为线状，获取的数据为每次扫描线上的各个点位的距离和角度数据；三维激光扫描仪的单次扫描轨迹为一个平面区域，获取的数据为每次扫描面内的各个点位的距离数据和角度数据。这里的距离数据是指激光反射点位置距离激光扫描仪基准点的绝对距离；各个点的间距根据激光扫描仪的设置分辨率确定。

激光扫描仪数据处理过程如图 4-4 所示。

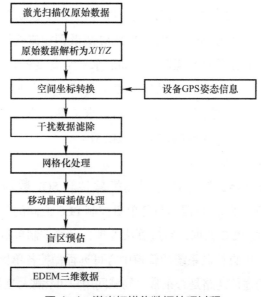

图 4-4　激光扫描仪数据处理过程

1. 坐标转换

坐标转换主要涉及扫描仪的安装位置，用于堆场建模的扫描仪安装位置主要有堆取料机臂架顶部、悬臂中前部等，具体根据不同扫描仪的数据采集和应用方式选择。

由于扫描仪是安装在堆取料机臂架顶部，会跟随设备不断运动，需要对激光扫描仪采集到的点云数据和通过 GPS 得到的设备定位数据进行实时匹配，完成数据从激光扫描仪坐标系到堆场坐标系的转换。激光扫描仪扫描获取的数据为 2 个角度和 1 个距离值（水平方向的角度 α、垂直方向的角度 θ、目标点到激光中心的距离 S），需要将原始数据转换为直角坐标系下数据，其原理图如图 4-5 所示，转换公式为式（4-1）～式（4-3）：

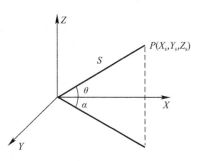

图 4-5　直角坐标转换原理图

$$X_S = S\cos\theta\cos\alpha \quad (4-1)$$

$$Y_S = S\cos\theta\sin\alpha \quad (4-2)$$

$$Z_S = S\sin\theta \quad (4-3)$$

将扫描数据转换为 X、Y、Z 的值后，需要根据当前设备的定位数据和姿态数据来对此刻的扫描数据进行匹配。通过 GPS 可以得到扫描仪绕 X、Y、Z 轴的旋转角度，以及设备沿 X、Y、Z 轴的平移量，通过这 6 个参数就可构建空间坐标变换的 RT 矩阵。

2. 干扰滤波

扫描过程中激光扫描仪很可能遭遇恶劣的天气环境的影响，从而获取到干扰数据。为了降低干扰数据对测量系统造成的影响，需要对雨、雪、雾、粉尘等干扰数据进行滤除。可采用弦高法和中值滤波相结合的方法对扫描数据进行处理，处理流程如图 4-6 所示。

考虑到煤堆、矿石等物料的趋势是渐变的，一般不会出现陡变的情况，可采用弦高法来判定采样点是否为干扰点。弦高法原理图如图 4-7 所示，当采样点大于设定的阈值时判定该点为干扰点。

设 P_0、P_1 之间的距离为 a，P_1、P_2 之间的距离为 b，P_0、P_2 之间的距离为 c，弦高为 d，夹角为 α，则有式（4-4）、式（4-5）：

$$\cos\alpha = \frac{a^2 + b^2 - c^2}{2ac} \quad (4-4)$$

$$d = a\sin\alpha \quad (4-5)$$

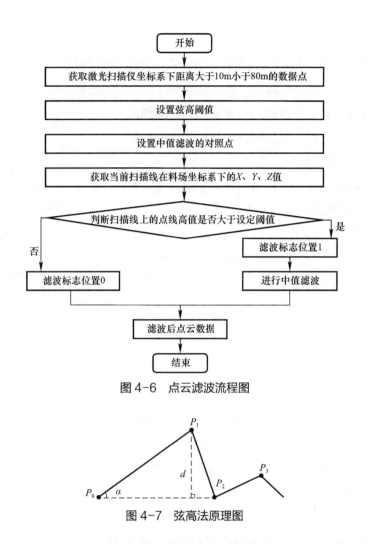

图 4-6 点云滤波流程图

图 4-7 弦高法原理图

当判定为干扰点后,采用中值滤波的方式将干扰数据进行过滤。中值滤波是基于排列统计理论的一种能有效抑制噪声的非线性处理技术,基本原理是将毛刺点用其周围点的中间值来代替,让该点的值接近于真实值,从而达到消除噪声点的效果。

3. 网格化和移动曲面插值处理

采用一款长距离、高速的三维激光扫描仪进行数据采集,其最远扫描距离可达500m,每秒可以采集 12 万点云。由于采集点的数量多,需要对这些散乱的点云进行网格化处理,考虑到斗轮取料机无人化控制的精度,旋转 10cm×10cm 的网格进行全堆场构网,这样既能精简点云的数量,又能实现可视化构建 DEM 网格的数据格式。采用改进后反距离加权平均算法对散料的点云数据进行网格化,由于采样点的数据量非常庞大,如果每次常规的反距离加权计算都要对所有点全部进行遍历将非常耗时,严重地影响数据计算的实时性,故每次计算采样点时,只要检索计算点附近 7~8 个点,则认为可以满足加权的需求,这样就大大降低了检索次数和计算的复杂程度,提高了计算速度。

（二）空间防碰撞预警及避让技术

1. 取料机碰撞情况分类

两台同一轨道取料机同时作业时，可能会发生以下4类碰撞事件：

（1）头头相撞。如果两台取料机同时工作在同一方向，则可能会出现一台取料机的头部与另一台取料机的头部发生相撞的情况（简称头头相撞），如图4-8（a）所示。

（2）尾尾相撞。如果两台取料机同时工作在同一方向，还可能会出现一台取料机的尾部与另一台取料机的尾部发生相撞的情况（简称尾尾相撞），如图4-8（b）所示。

（3）头尾相撞。如果两台取料机同时工作在不同方向，则可能会出现一台取料机的头部与另一台取料机的尾部发生相撞的情况（简称头尾相撞），如图4-8（c）所示。

（4）不同轨道单机相撞。如果不同轨道的两台单机同时工作在同一堆垛或邻近位置，则可能会出现两台单机臂架相撞的情况，如图4-8（d）所示。

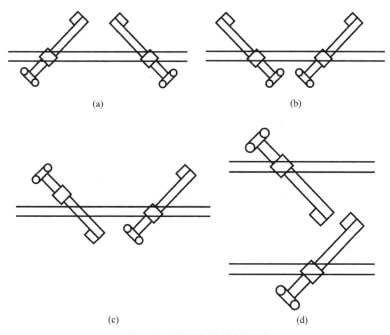

图4-8 取料机头头相碰撞

（a）头头相撞；（b）尾尾相撞；（c）头尾相撞；（d）不同轨道单机相撞

2. 相撞数学模型的建立

针对以上4种情况，分别建立其数学模型，并推导出两台取料机最近距离的计算公式。某项目已知悬臂式取料机从中心点到头部约60m，到尾部约25m，旋转角度最大±170°。根据这些参数，计算出两台机取料相距的最短距离d_{min}。计算方法分述如下：其中 $X1$ 表示 1 号取料机行走数据；A 表示 1 号取料机回转角度；$X2$ 表示 2 号取料机行走数据；B 为 2 号取料机的回转角度。

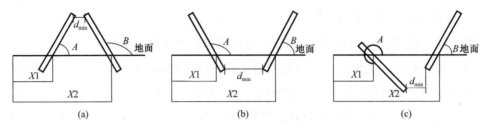

图 4-9　相撞数学模型示意图
（a）头头相撞；（b）尾尾相撞；（c）头尾相撞

（1）头头相撞，如图 4-9（a）所示，两台取料机相距最短距离按式（4-6）计算：

$$d_{\min} = X2 - 60 \times \cos(180 - B) - X1 - 60 \times \cos A \tag{4-6}$$

（2）尾尾相撞，如图 4-9（b）所示，两台取料机相距最短距离按式（4-7）计算：

$$d_{\min} = X2 - 25 \times \cos B - X1 - 25 \times \cos(180 - A) \tag{4-7}$$

（3）头尾相撞，如图 4-9（c）所示，两台取料机相距最短距离按式（4-8）计算：

$$d_{\min} = X2 - 25 \times \cos B - X1 - 60 \times \cos(180 - A) \tag{4-8}$$

（4）不同轨道单机相撞，与头头相撞类似，不作赘述。

根据以上计算公式，计算出两台取料机相距最近点的距离，并对单机原有程序进行补充和修正，当两台取料机最近相距 15m 时发出报警，同时采取其他相应控制策略。

第五节　远程卸船技术

一、系统特点及效果

远程卸船技术结合现场实际环境，整合不同操控人员的工作习惯和作业工艺，通过视频监控系统、设备状态监控系统、远程控制系统和防碰撞系统实现远程操作，使操控人员在集控室通过现场摄像头的显示画面和现场设备监控画面进行远程作业；单机上所有传感器数据经过分析后显示在集控室 HMI 控制画面上，反映单机当前工作状态；防碰撞系统能够终止任何操控指令，当设备出现意外情况时通过减速、制动等手段保护单机；远程控制系统在集控室提供手动和半自动两种操作模式选择，操控人员可根据现场实际情况选择合适的操作模式，实现远程控制。

卸船机远程操控系统可改善操控人员的工作环境，操控人员可以在集控室作业，远离现场噪声、粉尘等恶劣环境，降低因噪声、粉尘等因素患上职业病的风险，同时良好的工作环境可降低操作人员因疲劳作业而操作失误所引起的设备安全风险。远程操控系统为卸船机进一步实现远程无人智能化作业提供了基础技术保障。

二、系统关键技术

（一）视频监控系统

不同单机根据其结构特点和生产作业环境复杂程度配置不同数量的摄像头。在单机行走、卸船机料斗等处安装监控摄像头，卸船机抓斗小车等重点监控区域选用云台摄像头，保证操控人员在集控室能够监控所有活动机构的动作状态和周边工作环境，实时了解所有设备的动作情况。在臂架处安装摄像头，主要用于观察卸船机与船舶的相对位置，避免出现操控人员控制卸船机机构动作时缺乏观察手段与船舶发生碰撞。部分区域摄像头应具有视觉识别功能，检测是否有未经许可人员登机，行走轨道上是否有异物等。

远程操作中心设置多种组合显示，结合操作员视野和现场摄像头布点，一般配置视频显示器和大屏，显示器用于显示智能控制界面、三维动态展示界面、关键部位视频监视界面、流程界面等，大屏用于显示卸船机视频监控信息。

视频监控系统全部采用IP监控方式，卸船机上所有摄像头接入机上汇聚交换机，通过光纤信号传输至后方集控室视频交换机，接入视频管理平台，保证操控人员能够同时观察到现场所有摄像头画面。

系统满足全系统数字图像低延时（毫秒级）快速控制切换的需求，视频监控系统利用标准组播网络完成实时视频流的分发，无需通过服务器完成视频流的分发，提供端到端的实时视频浏览业务。

视频监控系统可通过IP网络自身的扩展能力克服网络视频传输数量的瓶颈，通过网络自身的交换能力的扩展满足视频交换切换能力不断提升的需求。

（二）状态监控系统

在主要机构电机、液压系统、钢丝绳卷筒等关键设备处安装温度、压力检测传感器，并将数据传回集控室，操控人员可通过工控机上显示的数据观察卸船机上所有设备的健康状态、工作状态。

单机各机构的实时数据对于卸船机作业来说极为重要，操控人员即便通过视频监控画面观察到现场情况，还需要结合卸船机行走距离和抓斗小车行走距离判断卸船机作业情况。为提高卸船机作业的可靠性，卸船机每个活动部位安装两套编码器，编码器之间互为冗余，数据同时传输至控制系统，由控制系统对数据进行分析，若两台编码器数据相差超过一定范围立即向操控人员发出报警信号。

（三）防碰撞系统

防碰撞系统主要由防碰撞传感器、防碰撞数据处理系统组成。单机防碰撞区域主要包含行走区域、臂架区域和抓斗区域。

防碰撞系统在卸船机上安装一套独立的安全防护、定位设备，并且与现有设备互相矫正，根据搜集分析的安全防护信息、危险源因素等设计卸船机智能安全防护系统。安全防护系统处于所有操作中的最高级，当程序判断操作员的操作会造成设备故障时则自动终止动作，并发出报警。

安全防护系统能够将自身动作状态和周边环境相结合判断周边、自身的危险源，智能生成安全措施方案，实施分级保护的安全防护策略，对于不同的安全风险实施预警、报警、减速、正常制动、紧急制动等不同措施，在不降低安全防护等级的情况下通过减速等手段尽量规避安全风险，减少设备停机的概率，保证作业效率。

（四）远程控制系统

远程操控系统通过单机自适应自主控制关键技术、智能感知及安全辨识技术，能够智能识别卸船机自身状态，及时预测、检测自身故障，动态感知周边单机和船舶的危险，并通过智能动态防碰撞安全系统实现远程控制安全作业。

远程操控系统分为手动和半自动两种控制模式。

手动模式：集控室操作台上设置急停按钮和操作杆，操控人员如同在司机室一样控制单机动作。这样更符合司机操作习惯，操作反馈更及时。

半自动模式：操控人员通过在操作界面上输入各种参数，比如行走距离等，确认后单机自动行走至目标位置开始作业。这种方法作业不需要操作员时时进行手工操作，但需要根据作业阶段进行人工参数输入和再确认。

操控人员在集控室进行操作模式选择，作业过程中可在两种作业模式间无缝切换，在安全防护系统的保障下进行正常生产作业，通过视频监控观察单机周边环境，通过 HMI 实时了解设备作业状态，保证远程操作效率不低于机上人工操作效率。

（五）生产管理优化

远程控制可改善操作人员工作环境，保障作业人员的安全，在一定程度上可减少人员配置。目前港区每台单机之间的距离较远，不便于单机操控人员之间流动，因此作业班组一般多配置一人作为流动人员，在其他人员因故无法工作时暂时替代其作业，确保不影响正常生产。实现远程控制后，所有单机的远程集控室位于同一处，方便操控人员协同共享。

生产安排上，可将卸船机远程操控系统与堆料机自动控制系统结合，由远程操控人员控制卸—堆单机作业，将堆料机自动控制系统 HMI 人机界面融合进远程操控系统界面中，操控人员在设置完堆料机自动作业目标后即可开始远程控制卸船机，实现一人同时操控作业流程内的两台单机作业。

第六节 智能装船系统

一、系统特点及效果

智能装船系统是通过传感器采集船舶、装船机及物料状态信息，经过三维建模系统和 PLC 控制系统智能化逻辑判断，控制装船机进行远程智能装船作业的系统。与远程装船系统相比，其特点是不仅能够实现远程手动装船，还能实现远程智能装船，智能装船作业过程中，只需要少量的人为干预即可完成船体扫描、进出舱、舱内换点装舱、换舱等作业。

通过对作业船舶、作业单机的综合现场感知，结合生产作业指令智能规划作业方式和作业路径，实现智能装船作业，现场作业数据、装船机及船舶姿态在中央控制室远程监控站直观展现，远程监控人员可以通过控制系统实现一键启停智能装船、临时手动操作等功能。

智能装船系统通过三维建模系统对作业船舶进行精细化扫描，生成船舶三维模型，对三维模型数据进行数据分析和解算，自动生成舱口位置等信息；通过自动装船控制系统，结合舱口位置信息、装船机姿态信息，自动生成装船作业策略，控制装船机进行自动装船作业。自动装船作业过程中，根据三维建模系统实时反馈船舶姿态和舱内物料信息，综合判别并动态调整装船策略，实现高效率的装船作业。装船机防碰撞系统在作业过程中实时监控装船机的行走机构、悬臂臂架、装船机溜筒等位置的防碰撞信息，确保智能装船作业的安全性。

二、系统关键技术

（一）建立码头统一坐标系

在码头区域建立统一坐标系，作为智能装船系统的定位基础，实现装船机位置数据、船舶姿态数据统一标定。

(二）装船机智能控制系统及装船作业策略

装船机智能控制系统和装船作业策略是智能装船技术的核心，负责统筹原装船机控制系统装船机定位检测装置、船舶数据及舱位装载状态等系统信息，综合处理后生成智能装船作业的策略规划，控制作业执行，进行过程状态监测。

系统配置独立的 PLC 控制单元，负责智能装船作业的数据采集、状态检测和策略执行。装船机智能控制系统从原控制系统中读取装船机所有参数和状态信息进行监测，综合到港船舶信息、船舶扫描信息、安全防护信息等，运行装船机智能控制程序，自动作业时向原控制系统发送各种动作指令。

装船机智能控制系统设置有集控中心，集控中心设置远程手动控制、远程自动控制功能和远程/本地切换开关，实现远程手动和远程自动装船作业。集控中心可以远程监控装船机所有运行状态、参数，同时保留装船机司机室手动控制功能，保证装船机处于任何运行情况下均能切换至手动模式。

装船机智能控制系统应用视频识别技术、多普勒扫描技术、激光扫描等技术，根据港口生产管理控制系统作业指令，形成适用于各种船型的智能化装船作业策略。通过全方位检测系统采集不同船舶数据，采用多重空间定位技术及校准方法，实现装船机各机构空间位置精确定位的多种互补定位方案配置，精确定位大车行走位置、臂架回转角度、臂架俯仰角度、臂架伸缩距离及溜筒伸缩距离；结合船型、舱口、舱内物料扫描数据，计算臂架、溜筒、舱口、舱内货物及甲板上障碍物的相对距离，建立安全防护策略；计算每轮每舱装载量，生成智能装船作业指令集。装船机智能控制系统拓扑图如图 4-10 所示。

装船机智能控制系统在装船机电气室设置工业级高性能计算机，用于处理前端扫描设备反馈的大量数据，对数据进行过滤和处理，同时接收装船机控制系统本体姿态信息，将所有信息分类储存，并生成核心数据库。

后端建模服务器设置在控制中心，采集核心数据库数据生成装船机舱口三维模型，计算船舱位置、尺寸信息、料堆高度等，并将全自动装船作业的关键数据发送至智能装船控制系统，在作业过程中协助装船机在数字化地图中精准定位。

后端建模服务器将前端核心数据库发送过来的各种数据信息记载入标准化的数据库，并实时更新，核心数据库数据是智能制定装船作业策略、进行自动化装船作业和生产运行分析的重要基础。

1. 装船机智能控制系统组成

装船机智能控制系统主要包含数据处理系统、船舶姿态监测系统、船舶姿态仿真系统、舱口识别及装船机防碰仿真系统和装船机智能控制处理单元等。

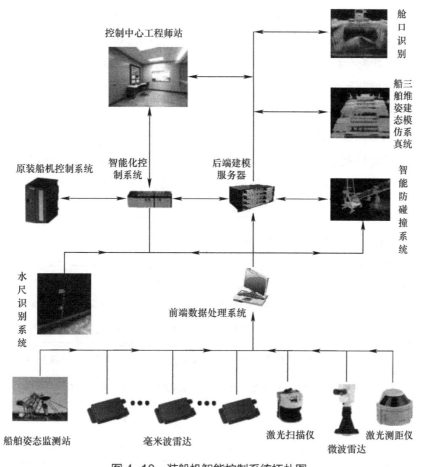

图 4-10 装船机智能控制系统拓扑图

安装在装船机上的前端高性能数据处理系统负责采集所有传感器反馈数据，分析处理，过滤掉大量无用数据，形成智能装船数据的核心数据库，降低装船机智能控制系统的数据处理压力，提高各子系统的运算效率。

船舶姿态监测系统通过北斗精确定位系统感知船舶细微姿态变化，提供与装船机同坐标系的船舶定位、定向、船体俯仰、侧倾数据，数据处理后，生成船舶的各项姿态数据。

舱口识别及装船机防碰仿真系统调用核心数据库数据，生成溜筒、舱口、舱内料堆及周边环境的三维模型，提供溜筒与舱口、顶盖和吊杆的防碰撞预警。

船舶姿态仿真系统、船舶姿态监测系统、装船机定位系统、舱口识别及装船机防碰仿真系统等采集船舶和装船机信息传送至后端建模服务器，生成船舶和装船机三维可视模型和对应空间位置数据信息，为装船机悬臂、溜筒与船舶顶盖、舱口和吊杆提供防碰撞预警。

装船机智能控制处理单元采用与原装船机同品牌的PLC，运行全自动装船控制系统逻辑控制程序，从原装船机控制系统读取装船机姿态数据及保护开关限位状态（如悬臂拉绳急停开关、行走限位、俯仰限位等），综合自动装船各子系统信息，自动作业时向原装船机控制系统发送大车前进、后退，悬臂回转、伸缩、俯仰，溜筒伸缩，悬臂带式输送机启动等一系列装船机动作指令。

2. 装船机智能控制系统架构

装船机智能控制系统主要由前端设备、链路传输、存储及应用环境、集成共享、核心数据库、服务平台和应用平台组成。控制系统架构示意如图4-11所示。

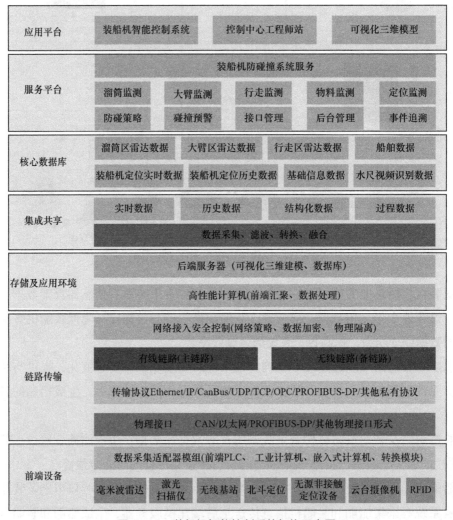

图 4-11　装船机智能控制系统架构示意图

（1）前端设备

前端设备包括毫米波雷达、激光扫描仪、无线基站、北斗定位、无源非接触定位设备、云台摄像机、RFID等设备，负责船体数据和装船机姿态数据的实时检测。

（2）链路传输

链路传输综合应用有线网络和无线网络进行数据链路搭建，提供底层的采集数据传输至上层应用的数据传输通道。链路传输层由有线链路和无线链路构成，船舶姿态监测站主要利用码头覆盖无线AP传输数据，其他传感器、计算机、服务器、工程师站等通过有线方式传输，通过构建标准统一、结构合理、链路通畅、安全可靠的基础信息传输网络，实现装船机智能控制系统的信息交换和信息共享，为数据管理、业务应用等提供支撑。

（3）存储及应用环境

在前端装船机电气室设置数据处理高性能计算机，在后端中控室机房设置建模服务器。布设所有传感器数据的存储及应用环境，其中前端高性能计算机实现前端设备采集信息的存储、数据处理，建模服务器进行三维建模和数据分析。

（4）集成共享

集成共享层主要包括实时数据、历史数据、结构化数据、过程数据的共享。通过集成共享层，将这些数据进行过滤、转换、融合，提供给应用平台使用。

（5）核心数据库

核心数据库主要包括溜筒区雷达数据、大臂区雷达数据、行走区雷达数据、船舶数据，以及装船机定位实时数据、装船机定位历史数据、基础信息数据和水尺视频识别数据。这些数据为上层服务平台和应用平台提供数据支撑。

（6）服务平台

服务平台是承载整个应用架构的基础，它包括虚拟化计算和网络资源管理。服务平台主要包括中间件和基础构件，为建立联网应用业务层提供基本的支持，为上层应用平台提供成熟的软件中间件和系统服务平台。服务平台选择多种成熟的中间件构成系统的应用支持环境（包括中间件、基础构件、高层构件等），以提高软件构件的复用程度，形成统一的业务分析架构、统一的程序框架，从而最终提高开发效率、降低开发成本，实现业务协同、数据交换、信息共享、快速部署等功能。

（7）应用平台

应用平台即业务层，根据实际需求向运营部门和相关用户提供不同终端的软件产品，包括工程师站画面显示、装船机全自动控制系统、三维可视化模型等。

(三) 装船工艺及作业策略

对于装船作业任务来讲，因船舶初始姿态、舱位数量等不同，不同船舶在不同时段有着不同的作业要求，而每个装船作业指导员也有不同的作业风格，因此装船作业每次的作业方案也就各不相同。

每次装船作业前由操控人员检查船舶三维模型、输入船舶部分参数和装舱任务，装船机智能装船控制系统自动生成相应的作业策略，经人工复核后即可进行任务下发并开始自动化装船作业。

1. 装船作业指导书

船舶靠泊并固定完成后，控制室操作人员输入船舶靠泊位置，一键启动装船机三维建模工作程序，由装船机自动开始船舶扫描工作，扫描完成后自动生成船舶三维模型。装船指导员得到船方提供的装船作业顺序后，输入智能装船控制系统中，输入内容主要包括：装舱顺序和轮数、各舱每轮计划装载量等。智能装船系统在收到装船顺序等信息后，结合船舶三维模型，自动生成舱内作业任务和作业计划，并由操作人员复核后确认。

2. 舱内作业

操控人员确认作业任务后，根据码头中央控制室指令（主要包含流程编号、作业舱号、作业量等）开始装船机自动作业。溜筒在每个舱口首次对舱后，在舱内向前、后、左、右四个方向分别移动，通过臂架头部设置的毫米波雷达扫描船舱，获得船舱底部数据的同时，校验三维建模系统提供的船舱高度、宽度和长度等具体尺寸信息。根据船舶舱口尺寸，在控制系统中将船舱划分为不大于1m×1m的方格，每个方格为1个高程数据采集点，用于装船机作业时统计料堆实时高度。结合物料特性、作业目标可计算出每轮作业舱内料堆高度。

每个船舱根据其舱口尺寸、可划分9～15个作业点，智能装船系统根据点位数量自动生成"三"字形或"川"字形换点流程，每轮作业任务量平均分配到每个作业点上，作业时通过物位雷达实时扫描舱内料堆数据，生成三维模型，作业点高度达到目标高度后，控制系统自动控制装船机溜筒转移至下一个作业点。在平舱、调水尺阶段，可根据舱内物料情况、船舶姿态进行临时手动操作。装船点位示意图如图4-12所示。

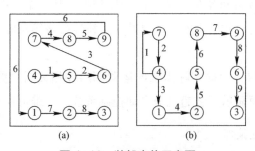

图4-12　装船点位示意图
（a）"三"字形装船点位示意图；（b）"川"字形装船点位示意图

3. 移舱作业

为保持装船作业的配载平衡，移舱作业在装船机作业过程中必不可少。移舱作业依据装船作业指导书中各舱位每轮作业量、装舱顺序的规定进行。每次移舱为了防止移舱过程中的物料撒落，会设置给料系统提前停止给料，移舱到位后给料系统继续给料，在此期间带式输送机空载运行，不仅增加了能耗，还降低了整体生产作业效率。

影响装船机作业效率的因素有多种，除装船机移舱造成的设备空载运行，还包括物料在带式输送机上输送时间，取料机综合作业效率、船舶压舱水排放等。这些都是装船机正常作业过程中存在的客观因素，无法彻底消除，只能通过技术和管理方式综合考虑，降低其影响。

装船作业流程中料流至装船机的输送时间可通过如下算法计算，设定：

（1）作业指令解析可获得作业流程的所有带式输送机序号 $A1$、$A2$、$A3$；

（2）带式输送机固定长度 $B1$、$B2$、$B3$，对应运行速度为 $V1$、$V2$、$V3$；

（3）装船机行走距离 $D1$，取料机行走距离 $D2$，装船机行走端点与地面带式输送机尾端距离补偿 $E1$，装船机地面带式输送机运行速度 $VE1$，取料机行走端点与地面带式输送机距离补偿 $E2$，取料机地面带式输送机运行速度 $VE2$；安全余量时间 $T1$。

则物料从堆场输送到装船机总用时：

T（料流时间）$=B1/V1+B2/V2+B3/V3+(D1+E1)/VE1+(D2+E2)/VE2+T1$

得到料流抵达装船机的时间 T，结合装船机移舱总时间综合计算后，给料系统提前给料，进而减少每次移舱带式输送机的空载时间，另外可考虑尽量使装船机移舱与取料机换垛同步进行，降低对装船机作业效率的影响。

移舱作业步骤如下：

（1）当前舱本轮装舱结束处理。实时计算装船作业量，分为装船总量、每轮作业量、单个船舱作业量，作业时当船舱作业量即将抵达本轮作业目标值时向取料机发送移舱指令，停止取料作业但不停止带式输送机。移舱指令发送时间根据作业时装船机位置和取料机位置计算，保证停止取料后料尾到达装船机落入船舱后本轮作业量能够完成目标装载量。

（2）出舱。装船机悬臂带式输送机上无料流后抬起悬臂和缩回溜筒，悬臂俯仰使溜筒高度超出船舱高度，然后悬臂向脱离船舱方向旋转（无旋转功能的装船机通过臂架俯仰实现进出舱功能），当悬臂与船舱角度成一定夹角时装船机向左行走，并根据溜筒与船舱相对位置调整行走速度，保证溜筒与船舱顶盖有一定安全距离，直至溜筒移出船舱上方。

（3）入新舱。溜筒移出船舱后向下一个作业舱位位置移动，当溜筒与目标船舱中心位于同一垂线时悬臂向左旋转。悬臂旋转时装船机向右行走，行走时保证溜筒始终与船舱中心保持同一垂线，直至悬臂与装船机呈 90°时停止，溜筒位于作业点上方后降低悬臂和伸出溜筒，将溜筒放入船舱内部，本次移舱作业完成。

综上所述，为保证装船作业效率，整个取装流程应考虑如下策略：

（1）移舱时，计算流程料流时间，提前向取料机发送移舱指令，使取料机停止取料，当料尾抵达装船机时该舱作业完成。

（2）结合移舱完成所需的时间和物料从堆场运输至装船机的时间，计算出取料机提前给料的时间间隔，移舱程序开始执行时，按计算的时间间隔提前向取料机发送给料信号，实现提前给料。

（3）根据取料机料堆情况分配本轮每个舱位作业任务，尽量保证取料机换垛和装船机移舱同时进行。

（四）船舶扫描建模系统

三维建模系统主要通过装船机顶部安装的激光扫描仪和溜筒上方毫米波雷达的反馈数据生成船舶和舱内模型，通过对这些点云数据进行分析和运算，识别船舶舱口数量、位置和舱内料堆高度等信息。为了完整地扫描整个船舶，通过装船机行走配合激光扫描仪进行扫描，可以有效减少障碍物阴影区域。扫描时获得的船舶数据是基于扫描仪位置坐标系的位置信息，经坐标转换可将其转化为对应装船机坐标系的船舶位置信息。所有扫描数据在前端经过过滤和分析后发送给后方建模服务器，再进行深度数据解析，获得船舶三维点云模型，提取点云模型关键点数据供智能装船控制系统使用。船舶点云数据三维模型示意图如图 4-13 所示。

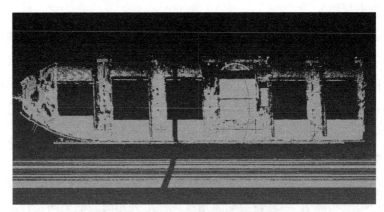

图 4-13　船舶点云数据三维模型示意图

船舶三维模型生成后系统自动识别出每个船舱的尺寸、位置数据和是否有吊杆等特征，并将这些数据发送给装船机智能控制系统 PLC，作业过程中实时根据溜筒平台、固定臂上安装的毫米波雷达反馈数据更新船舶模型。系统同时将最终生成的船舶模型数据保存在到港口船舶数据库中,下次该船舶靠泊作业时可直接调用船舶数据。

(五)船舶姿态动态监测系统

船舶姿态动态监测系统主要通过采集监测设备数据,分析形成船体姿态。主要检测装置采用移动式船舶姿态监测站。船舶姿态监测站内设置北斗卫星定位移动站及高精度陀螺仪,实时监测船舶高程和倾斜变换。

船舶姿态监测站放置在船艏中心位置,监测站通过北斗定位系统实时提供与装船机同坐标系的船舶定位数据、定向移动数据,通过高精度陀螺仪实时监测船体俯仰、偏杆等信息,并将这些数据通过无线 AP 传送回船舶姿态监测系统,由船舶姿态监测系统进行数据处理后传递至控制中心建模服务器,结合船舶扫描数据,生成基于船舶姿态自身的三维仿真模型。

(六)装船机姿态定位系统

装船机姿态定位系统通过实时采集卫星定位、绝对值编码器、RFID、激光测距仪、毫米波雷达等设备的数据,经过数据格式转换、坐标系转换等处理,形成具有防碰撞功能的装船机姿态定位系统。装船机姿态定位系统可对装船机姿态进行精确定位,其主要检测设备包括机上北斗定位移动站、大机行走位置检测装置、校准装置和溜筒伸缩检测装置,系统位置检测装置与原有装船机检测设备形成互为冗余、互相校正的定位系统,为装船机自动化作业精确控制提供基础数据保障。

1. 北斗定位系统

智能装船系统采用高精度 RTK 差分北斗定位系统进行装船机各机构的精确定位。智能装船北斗定位系统主要包含一套地面基站和三套移动站,移动站与地面基站采用电台形式进行数据通信。地面定位基站设置在港口建筑物顶部;移动站分别设置在装船机 A 型架顶部、臂架、伸缩架。地面定位基站提供差分定位基准数据;A 型架移动站主要用于测量装船机行走数据;A 型架移动站与臂架移动站共同检测臂架回转角度、俯仰角度;臂架移动站与伸缩架移动站共同检测臂架伸缩距离。

北斗定位系统采集装船机上北斗移动站返回的原始数据,按报文格式对采集到的数据进行解析,获得北斗移动站向外发送的所有信息,具体信息则包括经纬度、海拔高度(米)、航向角、解算精度等。通过自定义以上数据对应的 OPC 服务器采集数据库内的标签,向智能控制系统 PLC 写入北斗移动站向外发送的所有信息。

2. 定位数据处理

定位数据处理模块从装船机 PLC 控制器中获取单机姿态信息,如行走、俯仰、伸缩等;输入解析模块后进行数据解析,数据解析模块判断定位信息是否可用,然后对解析后数据进行再处理。

数据解析的工作过程：首先进行经纬度转平面坐标；其次，根据定位信息计算落料口的坐标、行走位置、俯仰角、伸缩距离等。作为可选功能，如定位信息可用，则用计算出的行走位置、俯仰角、伸缩距离与单机 PLC 对应数据作对比，偏差达到阈值则作出提示；如定位信息不可用，则落料口的坐标计算方式用默认 PLC 姿态数据，行走、俯仰、伸缩等数据结合悬臂俯仰轴高度与大臂长度来计算。

3. 毫米波雷达数据处理

毫米波雷达是一种距离检测方式。装船机姿态定位系统采集装船机上每台毫米波雷达返回的原始数据，按报文格式对采集到的数据进行解析，获得每台毫米波雷达发送的所有采样点，每个点的信息包括横纵距离、横纵相对速度、动态属性（运动或停止）、RCS（雷达散射截面）等。根据毫米波雷达相关设置，返回数据中还可包括采样点的质量信息，例如信号强度、信号质量等。

装船机姿态定位系统对应每台毫米波雷达配置针对性的姿态信息与数据解读方式。对所有采样点的数据进行解读完成后，根据各采样点数据的质量信息、距离信息对目标点进行过滤，结合毫米波雷达的安装位置信息、姿态信息，采样点的坐标进行空间坐标转换（从雷达坐标系转到单机坐标系），再对数据进行综合分析，得出各方向上最近的点，定义为碰撞威胁点。

雷达数据采集模块，负责 I/O 层面与毫米波雷达的交互功能（通过 CAN 转以太网模块），包括连接通道的打开与关闭、雷达数据的获取、相关硬件的配置读取与写入等。

对经过解析、坐标转换的雷达数据进行滤波、采样、算法分析等二次处理，提取价值数据传送至智能装船控制系统。

（七）远程手动控制

智能装船系统远程手动控制可以实现操控人员在中央控制室通过人机界面手动命令控制装船机远程作业。智能装船系统远程手动控制人机界面如图 4-14 所示。

（八）防碰撞系统

装船机防碰撞系统可根据防护部位分为臂架两侧防碰撞、溜筒防碰撞和行走防碰撞，通过处理、分析毫米波雷达的反馈数据，得知单机周边是否存在障碍物，以及相应障碍物的位置数据，然后根据超过阈值距离线性拟合技术进行数据处理，最终得出防碰级别和距离。

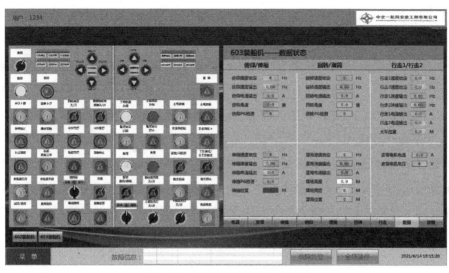

图 4-14　远程手动控制人机界面

碰撞目标信息经过处理后转换为相关数据格式通过 OPC 接口实时写入智能控制系统 PLC，智能控制系统根据碰撞目标信息及时采取相关动作避免碰撞的发生。

1. 行走区域防碰撞

行走区域防碰撞主要检测行走轨道两个方向、四个区域的行人和障碍物，当有行人或障碍物进入碰撞区域后，系统可根据相应设定实现预警、报警和急停等防碰撞控制。

行走防碰撞检测在装船机四个位置门腿的距码头面 0.5~0.8m 高度处安装毫米波雷达，向正前方进行碰撞目标检测。防碰撞系统设计三级别报警，分别是 10m 三级预警，8m 二级报警，2m 一级急停，报警信号被发送至 PLC 对应标签，进行行走机构的动作限制。行走机构防碰撞雷达安装位置示意图如图 4-15 所示。

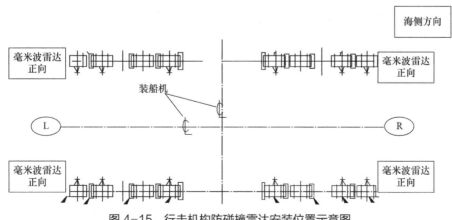

图 4-15　行走机构防碰撞雷达安装位置示意图

2. 溜筒区域防碰撞

溜筒区域防碰撞主要是针对船舱和甲板上吊杆等障碍物，通过安装在溜筒平台上各个方向的毫米波雷达实时检测溜筒左右两侧舱盖及前后方舱沿距离，溜筒区域防碰撞设计三级别报警，分别是：2m 三级预警，1.6m 二级报警，1m 一级急停。报警信号被发送并存储至 PLC 对应标签中，进行行走、回转或伸缩动作限制。

3. 臂架区域防碰撞

臂架区域防碰撞主要是针对船舱盖板和甲板上吊杆等障碍物，通过安装在悬臂两侧的毫米波雷达实时检测悬臂两侧障碍物的距离，根据相应设定实现预警、报警和急停等防碰撞控制。臂架区域防碰撞设计三级别报警。报警信号被发送并存储至 PLC 对应标签中，进行行走、回转动作限制。在二级与三级报警时系统对装船机实施减速控制。

第七节　港区水循环体系智能调度系统

一、系统组成及功能

港区水循环体系智能调度系统主要由水源调度系统、用水智能预测系统组成。系统对港区生产用水、生活用水、污水处理站输出水、雨水、压舱水等水源进行统筹监测，结合生产计划、作业流程、船舶情况、气象条件、管网情况等，分析预测港区内用水情况，生成适合的调度方案供作业人员选择使用。

水源调度系统包括水网调度和来水调度两部分。根据现场实际情况，梳理所有用水设备和管线的控制流程、用水优先级，形成标准的用水作业流程，对应规划各泵站的调度区域。实时采集所有水源的状态，包括进水量、可用水量、水质信息等，根据当前用水情况和用水计划，自动调度水源进水，合理分配压舱水、污水回收等进水计划。

用水智能预测系统包括用水预测和来水预测两部分。收集各区域、各时段的用水量，结合当时的作业任务信息，预测目前时间及用水高峰时段的用水量，为后续的引水计划、调度计划等提供基础信息，补充水池内水量，避免在用水高峰时段出现水量不足的情况。

二、系统关键技术

（一）水处理管线策略控制模式建立

制定用水设备和管线的标准用水作业流程，规划各个泵站的调度区域和用水优先级。用水调度策略主要依循经济、就近和快速的原则规划，根据用水设备的不同，采用不同的水源。

定义泵站功能。根据泵站覆盖区域的主要用水设备定义泵站的功能,例如某泵站下属70%以上设备为堆场喷枪,则该泵站为堆场喷枪泵站,水池内主要存储污水回收水和压舱水。

制定用水设备优先级。如遇用水冲突,根据用水设备优先级、水质、可调水量、成本和距离等因素,综合计算调水能耗和时间,采取综合成本最低的用水方案。

生成用水调度指令。智能管网控制系统总结各时段、区域用水情况,结合当前的生产任务信息,及时、提前下达水资源调度指令,保证用水高峰时段的水池内水位高度和管道压力在正常范围内。

水资源节约策略。堆场洒水系统是用水量最多的设备,通过智能控制系统调整开启时间和开启数量等,减少洒水系统用水量。智能管网控制系统收集当地气象(风速、风向、降水等)、生产作业计划(作业时间、作业流程、堆垛编号等)、垛温、垛型等信息,结合粉尘浓度信息和历史喷枪运行数据,智能控制喷枪的启停范围、时间和数量,实现预防性洒水和精准洒水,减少水资源的浪费。

系统综合以上功能,通过实时获取各泵站和管网的设备状态、可用水量、管网流量和压力等信息,结合目前水资源使用情况和用水作业流程,自动生成水资源调度策略,自动控制泵站启停和管网阀门,实现水资源的综合协同联动和智能调度。

(二)监测数据建模

收集生产计划、天气预报、煤种信息等数据,结合环境监测数据,统计各泵站储水量和管道流量,建立实时水系统模型。根据用水量的历史数据,建立未来一段时间内用水量数学模型,以此为判断依据,预测各泵站水位下降程度,及时打开水池阀门和用水管道阀门,提前补水和保证管道内压力。综合计算各泵站、管网的水资源调度成本,建立多泵站供水调度模型,保证水资源调度方案为综合成本最低的方案。

根据降水量和喷枪用水量,实时监测空气中粉尘浓度等空气质量数据,输入煤垛外表层含水率,建立动态的煤垛洒水模型,结合模型制定堆场煤垛喷枪洒水方案,自动控制喷枪开启数量、开启时间和管道内压力,保证喷枪洒水高度能够恰好覆盖到煤垛,洒水高度过高或者过低都会造成不必要的水资源浪费。实时监测空气质量读数,满足要求后及时结束喷水,若一段时间后仍不满足,则根据目前的喷枪数据进行计算,调整喷枪数量、时间,调整管道压力,进行二次喷水,并根据二次喷水实时优化煤垛洒水模型。

(三) 信息智能分析

创建水资源历史数据库，存储历年来的不同时段、不同区域的水资源使用情况，并对这些数据进行分析，统计出不同天气条件下的水资源使用情况，分析用水高峰时段和降雨、干旱等气候条件对用水量的影响，并将结果发送给水资源智能系统，协助水资源模型的建立和智能用水策略的制定。

收集港区内所有生产、环境、用水设备等影响水资源使用的指标，实时监测环境数据、泵站和用水设备的各项信息，并将结果实时发送给水资源智能系统，通过汇总气象、水池水位、管道流量、进水和用水等实时数据，分析出最优的水资源调度策略，实现不断根据现场实际情况，建立智能洒水、智能调水的水资源智能管理自学习模型。

第八节 5G 技术的应用

一、5G 技术应用背景

5G 移动通信是新基建的重要组成部分，具有超低时延、高可靠、大带宽、大规模连接等特点，与目前主流的移动通信标准 4G LTE 相比，实现了跨越式发展。4G LTE 理论速率为 150Mbps，而 5G 理论下行速度可达 10Gbps。5G 网络延迟理论低于 1ms，而 4G 为 30～70ms。5G 为实现随时、随地、万物互联，满足生产应用大带宽、低延时、高可靠的要求提供了实现途径。

煤炭港口的控制及管理系统包括中央控制系统、各单机控制系统、工业电视系统、调度通信和广播系统，以及生产运营指挥调度的生产管理系统等。煤炭港口控制设备既包括带式输送机、翻车机、堆料机、取料机、装船机、卸船机等大型装卸工艺设备，还包括供配电系统、给水排水系统、消防系统、检测控制系统等附属系统，拥有上千个控制设备和控制点，同时还包括到离港车、船信息、泊位信息、煤种信息、堆场垛位信息等生产管理数据，为保证生产系统安全高效可靠地运行，各系统间数据交互的实时性、带宽、可靠性都要达到较高标准的要求。但目前煤炭码头主要使用有线和无线方式进行通信，有线通信为主，无线为辅，对于移动机械设备和有线路由不及区域，由于传统无线通信性能限制，在网络带宽、传输延迟性、可靠性方面均有局限性，各系统设备间数据传输不能做到无缝连接和广泛连接，共享性和实时性达不到使用要求。

随着社会发展和生活水平提升，煤炭港口因劳动强度大、工作环境恶劣，面临劳动力成本攀升、人力短缺的难题。为改善作业环境，提高劳动生产率，目前，全流程智能化生产作业系统（包括中央控制系统、翻车机全自动系统、无人化智能堆场系统、远程卸船技术、智能装船系统、装车系统等）、带式输送机智能化巡视系统（主要以温湿度、声音、振动、视频监控、红外热成像等传感检测技术代替人工巡检无人巡视系统）、港口数字化运维管理系统（包含生产运维、维护保养、运维服务设备信息库、知识管理等功能集成）等在煤炭码头均有成熟应用，但各系统仍存在传统有线为主、无线为辅的通信链路带来的设备信息传输结构复杂、网速慢、延时高等问题，限制了三大系统的功能融合和智能化决策水平提升。

基于此，通过利用5G技术"超高速度、超大带宽、超低时延、超多链接"等特性，解决各系统及现场设备间信息传输结构复杂、网速慢、延时高等问题，保证数据传输的实时性和充分性，并综合利用大数据技术、互联网＋技术，建立一个基于5G技术的煤炭码头智能化系统，更进一步提升散货码头智能化发展水平。

5G作为新一代移动通信技术，相比4G具有更高速率、更短时延和更大连接等技术特性。同时5G网络传输速度和稳定性也比现阶段的光纤网络更加快速和稳定。5G在大幅提升移动互联网业务能力的基础上，进一步拓展到物联网领域，服务对象从人与人通信拓展到人与物、物与物通信，将开启万物互联的新时代。5G重点支持增强移动宽带、超高可靠低时延通信和海量机器类通信三大类应用场景，将满足20Gbit/s的接入速率、毫秒级时延的业务体验、千亿设备的连接能力、超高流量密度和连接数密度及百倍网络能效提升等性能指标要求。同时5G采用全球统一国际标准，通过灵活的系统设计满足多场景的业务需求。

在港口行业的5G应用方面，目前国内已经有多个集装箱港口开展5G应用研发，开始向自动化、无人化、智能化的智慧港口发展转变。其中青岛港在2019年年初时，已经在其自动化港口上完成基于5G连接的自动桥吊控制操作，率先实现通过5G网络控制设备抓取和运输集装箱，是全球首例在实际生产环境下的5G远程桥吊操作。

二、5G技术介绍

前几代移动通信网络的发展，都是以典型的技术特征为代表，同时诞生出新的业务和应用场景。5G将不同于前几代移动通信，它不仅是更高速率、更大带宽、更强能力的空口技术，更是面向业务应用和用户体验的智能网络；5G不再由某项业务能力或某个典型技术特征所定义，它将是一个多业务多技术融合的网络，通过技术演进和创新，满足未来包含广泛数据和连接的各种业务的快速发展需要，提升用户体验。

中国于2013年成立IMT-2020（5G）推进组，开展5G策略、需求、技术、频谱、标准、知识产权等研究及国际合作，取得了阶段性进展。先后发布了《5G愿景与需求白皮书》《5G概念白皮书》《5G无线技术架构白皮书》和《5G网络技术架构白皮书》。

(一)关键指标

5G 系统的能力指标包括用户体验速率、连接数密度、端到端时延、峰值速率、移动性等关键技术指标和频谱效率、能效、成本效率等性能指标。

具体情况如下:设备密集度达到 600 万个 /km^2;流量密度在 20Tbs/km^2 以上;移动性达到 500km/h,实现高铁运行环境的良好用户体验;用户体验速率为 Gbps 量级,传输速率在 4G 的基础上提高 10~100 倍;端到端时延降低到 4G 的 1/10 或 1/5,达到毫秒级水平;实现百倍能效增加、十倍频谱效率增加、百倍成本效率增加。

(二)主要场景

5G 的主要技术场景有四个:连续广域覆盖、热点高容量、低功耗大连接和低时延高可靠。

连续广域覆盖场景面向大范围覆盖及移动环境下用户的基本业务需求;热点高容量场景主要面向热点区域的超高速率、超高流量密度的业务需求;低功耗大连接场景面向低成本、低功耗、海量连接的 M2M/IoT 业务需求;低时延高可靠场景主要满足车联网、工业控制等对时延和可靠性要求高的业务需求。

(三)核心技术

在核心技术方面,5G 不再以单一的多址技术作为主要技术特征,而是由一组关键技术来共同定义,包括大规模天线阵列、超密集组网、全频谱接入、新型多址技术以及新型网络架构。

大规模天线阵列可以大幅提升系统频谱效率;超密集组网通过增加基站部署密度,可实现百倍量级的容量提升;新型多址技术通过发送信号的叠加传输来提升系统的接入能力,可有效支撑 5G 网络的千亿级设备连接需求;全频谱接入技术通过有效利用各类频谱资源,有效缓解 5G 网络频谱资源的巨大需求压力;新型网络结构,采用 SDN、NFV 和云计算等技术实现更灵活、智能、高效和开放的 5G 新型网络。

(四)空口技术

5G 将沿着 5G 新空口(含低频和高频)及 4G 演进两条技术路线发展,其中 5G 新空口是主要的演进方向,4G 空口演进是有效补充。

5G 新空口将采用新型多址、大规模天线、新波形(FBMC、SCMA、PDMA、MUSA)、超密集组网和全频谱接入等核心技术,在帧结构、信令流程、双工方式上进行改进,形成面向连续广域覆盖、热点高容量、低功耗大连接和低时延高可靠等场景的空口技术方案。同时,为实现对现有 4G 网络的兼容,将通过双连接(同时使用 5G

和 4G 演进空口）等方式共同为用户提供服务。

（五）新网络架构

5G 网络架构需要满足不同部署场景的要求，具有增强的分布式移动性管理能力、保证稳定的用户体验速率和毫秒级的网络传输时延能力，支持动态灵活的连接和路由机制以及具备更高的服务质量和可靠性。

5G 网络架构将引入全新的网络技术，SDN、NFV 将成为 5G 网络的重要特征。

三、5G 技术在煤炭码头的应用

（一）5G 网络部署

利用 5G 技术制定全新的网络结构布置，实现作业区域内设备间高带宽高速数据交互，保证数据传输的实时性和充分性。

形成不同区域的 5G 部署方案。煤炭码头根据工艺可分为翻车机区、堆场区、码头区等，不同区域有不同装卸设备和建筑单体，构成差异化的生产作业环境，有针对性地结合 5G 网络进行布置，测试不同环境条件下 5G 网络带宽、延时性、接入数量、可靠性等指标，形成最有效的、经济的 5G 网络部署方式。

基于 5G 网络部署环境，实现中控系统与单机有线和无线两种通信模式互为替代。煤炭码头生产作业系统由中央控制系统和相互独立各单机及其他相关控制系统组成。中央控制系统负责带式输送机系统及附属系统控制和全部生产流程作业，并根据全流程作业需要，向各单机设备发送调度指令，是煤炭码头自动控制和全流程智能化生产的核心。生产作业系统网络结构采用工业以太环网，各单机与中央控制系统间的通信主要采用有线通信传输为主、无线通信传输为辅，互为冗余的通信方式。目前无线通信通常采用 2.4GHz，传输速率最高为 100Mbps，在带宽、实时性、可靠性等方面都满足不了单机通信尤其是现在单机智能化作业需求，不能作为异常状态下有线通信方式的替代。

基于有线通信作为中控与各单机的常规通信方式情况下，形成中控与单机设备采用 5G 无线通信模式进行冗余的网络结构布置形式，实现数据通信、视频通信和语音通信一体化传输功能，降低单机移动作业工况容易产生光纤断裂引发通信中断对生产作业造成的风险，提高单机智能化作业的可靠性。

（二）单机智能化技术

在现有单机智能化控制水平基础上，结合 5G 技术应用环境，进行智能化成果升级。

1. 简化数据处理中心

单机智能化系统需增加激光扫描仪、物位雷达等前端设备进行精确的料堆建模和实时检测，需处理的数据量大、数据结构复杂，单机PLC无法处理这些数据，需增设数据处理服务器实施完成，同时，因为控制中心需处理计算不同单机之间的空间姿态关系及模型数据，后方也应设置数据处理服务器，对各单机发送过来的数据信息进行过滤和解析，再将运算结果发送给单机PLC，进行智能化作业控制。因此目前单机智能化作业系统采用在前端（单机控制室）、后端（控制中心）分设数据处理服务器的方式解决通信带宽、实时性不足的局限性。

基于5G的超低时延、高可靠、大带宽、大规模连接特性，形成5G环境下单机智能化系统的数据中心部署形式。通过取消单机上的前端数据处理计算机，在后端控制中心建立统一的数据处理中心，单机上的设备数据全部传回后端数据处理中心进行分析处理，提升数据整合效率，统一和简化数据处理平台部署。

2. 提升传感器精度等级

基于5G技术，采用更高精度的传感检测设备建模及采用点云数据直接建模方式，提升单机智能化作业的精度，提高工作效率。

目前单机智能控制系统受限于通信信号的传输速率，选用低精度设备减少数据传输带宽占用。目前应用的激光扫描仪和物位雷达精度在 $-2\sim+2cm$、有效采样周期为 $200\sim500ms$，考虑到采样误差和设备动作惯性，单机设备的作业控制精度控制在 $-0.2\sim+0.2m$ 之间。

5G环境下，采用将物位雷达传感器精度提升至毫米级，提升扫描周期至10ms情况下，通过对雷达采集数据过滤和分析，使单机作业控制精度提升至 $-5\sim+5cm$。

3. 提高作业模型精度

堆场垛堆模型是堆取料机自动作业的重要依据，堆料过程中通过模型实时更新控制堆料机进行作业，可以生成标准垛堆，标准垛堆及精确的实时垛堆模型更新是取料机作业效率的重要保证。

目前垛堆建模分两步。首先通过物位雷达测量堆料作业点高度，结合物料密度、安息角等物理参数计算建立垛堆模型，形成第一次原始模型；后续作业时，通过对堆料机、取料机运行数据的采集，模拟单机作业轨迹，对第一次建模模型进行更新，模型精度可达4%，解决堆场垛堆的全天候建模问题，为智能化作业提供基础数据。

基于5G技术的高通信速率和高稳定性，可采用高精度三维建模数据处理技术。包括通过提高传感器反馈单机姿态数据、垛堆数据精度等级以及传感器采样周期等手段，提升堆场数字化模型精度等级和模型更新的实时性；通过高精度的激光扫描仪在作业中实时扫描垛堆获得点云数据，直接利用点云数据生成可以为单机智能化作业所用的垛堆三维模型，保证单机智能化作业效率。

（三）视频技术在安全控制中的应用

目前煤炭码头视频监控系统由全场视频系统和各单机视频系统组成。一般全场视频系统有 30～40 套摄像头，每台自动化作业单机有 20 套左右摄像头，视频数据量很大。生产作业主要采用人工方式对视频图像轮查监控，辅助发现异常或不安全因素。

基于 5G 网络的低延时、大带宽、海量连接特性，研究提升单机、单机门禁系统等位置的视频摄像头分辨率，利用高分辨率带来的高清画面提高视觉识别系统的智能分析效率和实时响应速度。将视频智能识别分析响应技术应用到自动化控制系统中，改变传统的人为监测模式，协助单机进行防碰撞、定位、障碍物识别等，更进一步保证码头智能化作业安全。

（四）带式输送机无人巡视系统

5G 环境下，将带式输送机智能化巡视系统应用升级，运用 5G 无线通信技术代替目前带式输送机智能化巡视系统中的光纤通信，简化网络结构，更广泛地实现设备间的互联互通。主要内容如下。

1. 数据广泛化

带式输送机系统是煤炭码头主要工艺设备，涉及设备数量多、线路长，也是运行巡视工作投入人员最多的监控对象。目前已有系统因网络通信限制，仍存在一定程度上的监测目标接入不完全、信息反馈不及时、信息采集不全等问题。

利用 5G 技术取代传统的无线 AP 通信方式，或采用与光纤网络传输互为冗余工作模式，对网络结构进行优化；5G 环境下，实现更多设备通过无线方式接入控制系统，使不同场景不同区域设备数据进行无缝衔接，提高智能化决策数据依据。

2. 开展大数据应用

综合利用大数据技术、互联网＋技术等，基于智能化巡视系统采集的数据，通过互联网及云端模式，进行各运维项目透明化、同质化、同步化管理；开发设备健康监测系统，通过设备安装位置、运行时间、故障状态、维修记录等信息，建立设备运行数学模型，通过数据积累和分析，实现更准确的设备预见性维护及知识经验传承。

3. 采取网络信息安全措施，防止非法接入和访问控制

在 5G 环境下，通过硬件或软件方式，对系统无线网络接入安全性采取控制策略和方法。

四、应用前景

利用5G低延时、大带宽、连接可靠、安全性高等诸多优点，应用于港口数智化系统建设，构建不同业务领域数据传输链路和应用场景，进一步推动智慧港口建设。同时融合物联网技术，可以实现在位于两个甚至多个地理位置的港口之间进行有效的沟通，对货物、设备等进行有效管理。基于数据平台上的信息流，建立港际系统互联，使信息被完整、定向、快捷地传递到相关港口的管理信息系统中，再通过计算机的数据处理功能进行相关资源的调度，实现更大范围的智慧港口建设。

第五章

煤炭码头智能化运维技术

第一节 概 述

大型专业化煤炭码头作业工艺流程常常有几十个，设备数量多，需要机械、电气、给水排水等专业协同配合，才能保证设备完好和正常生产作业。煤炭码头工艺设备运维工作范围主要包括单机、带式输送机系统、供电系统、控制系统、暖通空调系统、给水排水系统和消防系统等。

煤炭码头智能化运维技术主要研究带式输送机智能化巡视技术、智能机器人巡检技术、港口设备健康监测及寿命预测技术、管线空间管理、数字化运维管理平台和基于BIM技术的维修工法标准化技术。通过对以上技术的综合研究，实现带式输送机巡视的无人化，形成设备健康监测及寿命预测，建立设备性能和状态评估体系；开发数字化运维管理平台，实现运维系统设备管理、维修管理、台账管理等的数智化，通过收集分析运维数据，实现预见性维护、知识管理、工单及消息智能推送等功能。通过基于BIM技术的标准化维修工法，实现运维技术及经验的传承。

煤炭码头智能化运维技术应用的目标是用技术手段替代人工巡检，提升运维巡视的全面性和准确性、降低运维行业人工成本、变被动维护为主动维护。从而全面提升煤炭码头运维业务技术及管理水平，推动煤炭码头全面智能化的进程。

第二节 带式输送机智能化巡视系统

一、应用背景

带式输送机是一种能够连续输送物料的设备，具有输送能力高、运距长、能耗低、可连续平稳输送等特点，现已广泛应用于港口、电力、矿山、化工等行业。

港口散货码头主要应用带式输送机作为物料输送设备，实现港区物料的进出厂和区域内转接。但因其数量多、线路长、分布广，在日常巡检和管理上存在较大难度。

散货码头带式输送机系统现阶段以人工巡视为主。带式输送机系统虽然配置了由中央控制系统集中监控管理的保护和监测装置，但是这些装置仅对驱动电动机、减速机、制动器、带式输送机跑偏、堵料、撕裂等关键点进行监测，不能完全体现设备的运行状态，如托辊、滚筒的运行状态，驱动装置的振动、溜槽衬板的磨损程度等，这些是设备运行过程潜在的安全隐患，需依靠巡检人员现场巡视监测。

人工巡检分为定期和不定期两种方式，巡检手段主要以眼观、耳听、鼻嗅、手触等感官为主，巡检人员通过对运行设备外观、声音、气味、温度、振动等因素分析判断设备的运行状态。

传统的人工巡检方式存在较多问题，散货港口输送机系统遍布整个港区，巡检人员的劳动强度较大；输送机沿线工况较差，增加了巡检人员的职业病风险；同时，巡检人员是否能够按照要求的时间与线路巡检、发现的问题是否得到及时记录，都受人的主观性影响。

综上分析，专业化煤炭码头运维的作业特点为：巡检频率高、巡检范围广、工作环境差。因此，迫切需要开发一种新型的带式输送机巡视智能化系统替代传统的人工巡视，以期对所述的问题进行针对性有效改善，并建设信息化运维管理平台，综合设备管理、维修管理、知识管理等模块，实现一体化管理、标准化作业、预见性维护，提高运行维护工作质量。

二、技术综述

散货港口带式输送机智能化巡视系统是一种通过技术手段代替人工巡检的数字化平台，分为固定检测和动态检测两种方式。主要通过增加声音、温度、振动、视觉等传感检测手段，辅以主动跟踪监测系统——智能巡检机器人，代替人工巡检，监测设备的各种状态。同时系统具有数据收集和分析功能，通过数据挖掘对设备的故障进行预警和进行维护方案推荐，变被动巡视为主动维护，提高生产作业的可靠性。

散货港口带式输送机智能化巡视系统主要对以下方面进行技术改进和提升：

（1）利用现有的中央控制 PLC 系统，对部分设备监控功能进行完善和提升；

（2）增加监测功能，进行声音、振动、温度监测等，全方位代替人工巡检对设备状态进行监测；

（3）提升和增加视频监控功能，在重要设备、关键位置设置摄像头预置位，并与设备状态和异常状况进行关联，实现视频主动跟踪功能；

（4）配置智能巡检机器人，对适合区域设备进行巡检或根据方案不定时、不定点抽查巡检；

（5）生成设备性能评估分析，建立设备历史数据库，对各部件运行寿命、故障情

况等进行监测、统计,实现趋势判断、提前预警功能;

(6)提供主动快捷报警功能,可通过短信提醒功能,根据不同的报警等级,将设备故障信息发送给企业不同的管理层,进行实时分析和快速决策;

(7)系统基于互联网开发,可通过 IE 浏览器登录智能巡视系统,进行远程设备状态查询以及管理维护。

(一)固定式检测

1. 系统功能和架构

系统主要由智能巡视系统、设备信息采集系统和中央控制器组成,通过开发统一的软件平台集成以下功能系统:人机交互智能巡视系统,对温度进行实时监控的测温系统,对设备冲击力和振动故障监测的振动监测系统,对设备噪声进行实时监控的声音监测系统,对现场进行实时监控的视频系统,对采集信息处理的 PLC 控制器。

固定式智能巡视系统基于 B/S 架构开发,建立智能巡视系统数据库,通过以太网与已有控制系统网络连接。充分利用原有的中央控制 PLC 系统,进行相关设备数据的传送。搭建新的 PLC 控制系统平台,将各新增检测系统接入该 PLC,进行数据采集、集中管理,并统一接口输出与智能巡视系统数据库对接,不增加原有控制系统承载。巡检系统充分考虑与原有 PLC 系统兼容,在传统控制设备检测基础上,完善巡视系统的功能需求,增加振动、声音、温度等检测设备,对带式输送机设备关键部位进行实时监测,同时加入视频系统与故障联动功能,提高系统监测的主动性和可靠性。系统可接入互联网,在任何可接入互联网的地点,均可通过浏览器访问系统,使管理更加便捷高效。系统架构如图 5-1 所示。

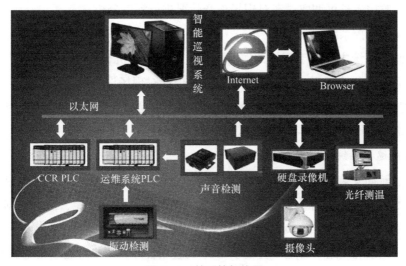

图 5-1　总系统架构图

2. 设备信息采集系统

(1) 温度监测系统

温度监测方式根据分类不同有接触式测温、非接触式测温、点式测温、线性测温、红外热成像测温等多种形式，应结合使用工况和经济技术指标采用不同的温度检测方式。

光纤测温系统常用于带式输送机滚筒轴承、沿线托辊轴承以及电缆桥架沿线电缆的实时温度监测，光纤测温系统通过工业以太网连接数据库，实现与带式输送机智能化巡视系统的数据传递，生成设备温度分布电子地图。在带式输送机智能化巡视系统人机界面中进行位置标定和统一编号，实时显示现场各监测点的温度值，针对不同的设备和部位设置不同的报警等级，发出告警信号或启动对应消防设施。红外热成像测温主要用于区域温度检测，常布置于有火灾隐患的人员不易到达区域，如筒仓顶部区域。点式测温设备一般用于分散的局部测温点。

(2) 振动监测系统

振动监测系统主要对带式输送机滚筒、驱动电动机以及减速机的振动进行实时监测，一些振动传感器兼有温度检测装置，能同时实时显示现场各监测点的振动和温度值。PLC程序对采集数据进行处理和分析，指导现场进行设备检查和维护。

(3) 声音监测系统

声音监测系统主要用于带式输送机沿线的声音拾取，辨析正常运行声音和异常运行声音，实时显示现场各监测点的声音分贝值，判断设备的运转状态。PLC程序对采集数据进行处理，针对不同的部位设置不同的报警值；带式输送机智能化巡视系统人机界面中可以调取现场原声进行监听，当声音分贝值超过报警值时，触发该点的原声录音功能，监控人员可调取录音对现场声音状况进行深度分析。

(4) 视频监控系统

视频监控系统主要用于现场的实时监控，带式输送机智能化巡视系统人机界面可以实时调取现场监控画面。摄像头可设置预置位，对现场设备进行摄像头预置位关联，当设备发生故障时，摄像头自动对焦到该设备，并提示监控人员对该设备进行观测。带式输送机沿线摄像监控界面如图5-2所示。

3. 智能巡视系统应用平台

中交一航局安装公司开发的带式输送机智能化巡视系统，采用开放的自定义方式进行组态配置。配置内容主要包含定义场景、动态视频监控功能、设备数据筛选和挖掘功能、短信预警功能、IE浏览功能等。

智能巡视系统应用平台是一套基于Web的应用程序，用户可通过浏览器进行登录，登录系统主界面如图5-3所示。

图 5-2 带式输送机沿线摄像监控界面

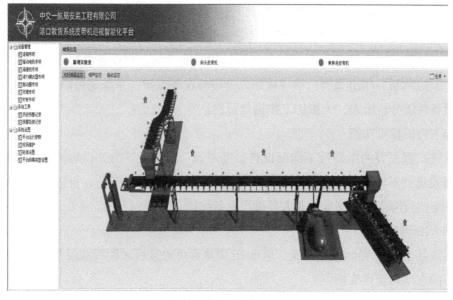

图 5-3 系统主界面

系统以场景为管理对象,场景可以根据港口现场情况任意添加,一般以单条带式输送机作为一个场景,以对应的场景平面布置为背景图片,可以是现场照片、CAD 图纸或根据现场绘制的 3D 效果图等,直观地显示各监测设备的位置、状态值、故障报警等信息,维护人员可以在监控室通过场景选择,完成对所有带式输送机的巡视工作。

系统具有主动提示和报警功能。当某位置有故障出现时,系统通过声音、颜色的变化提醒维护人员注意。维护人员可以调用故障点处的各种检测数据(温度、声音、振动、视频）来进行故障诊断，从而给出不同的解决方案。

（1）定义场景

在场景中可以根据检测设备的安装位置增添设备标记点，每个标记点可以关联多种检测设备（同一标记点设有多种设备时），对每个标记点可以设置不同的预警值，超过预警值时，会在界面中出现关联点红色闪烁和蜂鸣报警等明显提示。

（2）动态视频监控功能

在场景中可根据摄像头的安装位置放置摄像头图标，在摄像头调试窗口中，可以调取现场实时监控画面，并可远程操控摄像头。摄像头可关联区域内的多个设备标记点，并根据设备标记点设置摄像头预置位，当设备标记点出现故障报警需调取现场监控画面进行观看时，摄像头会根据预置位，自动对焦到该设备标记点的位置，显示要查看的设备监控画面。

（3）设备数据筛选和挖掘功能

系统设置有设备管理专项界面，针对滚筒、驱动电动机、减速机、耦合器、制动器、托辊、衬板等设备制定专项管理表，表中可输入设备型号、生产厂商、使用寿命、维护记录（包括维护原因以及处理结果等）等信息，并根据设备的运行时间和皮带秤等数据，计算出设备的累计运行时间或累计物料输送量，与设备参数和设计寿命进行对比，系统判断后作出预警，指导现场人员进行设备维护。系统还可以分类统计分析，生成设备性能分析报表，为维护工作提供帮助。

（4）短信预警功能

系统根据报警的重要性不同而设置报警等级，按等级区分，以短消息的形式将报警内容发送到不同的管理层手机上，短信内容可以根据用户定制，可远程、快捷了解现场发生的故障信息，指导作业人员进行设备维护。

（5）IE 浏览功能

系统基于 Web 界面进行开发，通过 IE 浏览器可直接登录到智能巡视系统，进行设备状态的查询和管理维护。

4. 与码头原有控制系统关系

码头原有中央控制系统主要用于保障作业流程的自动化运行，侧重于常规对常规带式输送机保护装置进行检测、对各执行机构进行控制；运维系统主要采集智能化巡视系统设备的数据，主要是原带式输送机系统保护装置不包含的如托辊温度检测、运转声音检测、驱动振动检测等，两个系统之间是互补关系，通过两系统之间的信息共享，可以减少智能化运维系统的投资、提升运维系统决策和判断的准确性。

为保证两系统互联后，码头原有生产控制及管理系统的稳定运行，需要考虑以下内容。

（1）安全性问题

考虑到系统的开放性引起的安全问题，在原有 PLC 系统与新系统的工业以太网交换机之间可以增加硬件防火墙，保护原有 PLC 系统安全。

（2）系统独立性保证

新增 1 套独立 PLC 系统用于运维，系统新增设备的数据由该 PLC 系统采集，两者相互独立。

（3）数据交换性能保证

运维 PLC 系统与原有 PLC 系统采用 message 指令进行数据交换，读、写指令均在新增 PLC 系统编写，配置以及调试过程中不需要原有 PLC 系统停机，用户可以根据需求，方便、快捷地完成自定义数据交换。

5. 系统的开发和运行环境

运维控制系统 PLC 与码头原有中央控制系统 PLC 选型统一，降低运行维护成本。

系统采用 Web 界面进行开发，可通过 IE 浏览器登录系统，进行设备管理、维护。

系统的运行环境：可以运行在普通塔式服务器上或者兼容机上。操作系统为 Windows 2003，服务器系统增加 Framework 3.5 插件。

管理平台运行服务器配置企业级防火墙，防火墙提供 SSL-VPN 和 PPTP 服务功能，防火墙出口为独立公网 IP。

服务器可以灵活增加硬盘，扩充存储空间，并根据数据量部署磁盘阵列。

（二）动态检测

1. 系统组成及功能

动态检测技术是一种通过智能巡视机器人代替人工开展设备巡视检查，进行数据分析和设备管理，形成的智能的、全面的设备运行维护技术。

智能巡视机器人分为轨道式巡检机器人和轮式巡检机器人，主要由巡检机器人、综合管理平台、分布式充电桩、通信单元等组成。

机器人配置有环境信息采集传感设备、红外热成像摄像机、可见光摄像机以及同视角云台、无线通信设备、无线充电设备等；后台布置机器人综合管理平台。

智能巡检机器人通过结构化的综合布线和计算机嵌入式开发，将声音、环境信息、视频及红外热成像等各个分离式检测传感器集成于巡检机器人之上，由无线通信单元与部署在管理中心的综合管理平台进行通信，将巡检状态、巡视结果以及自身信息等实时传送到综合管理平台和云服务器中。管理人员通过管理控制平台对机器人进行远程管理，下发巡检任务等。系统采用 C/S 结构模式，将各种数据及控制信息分享到移动客户端，实现集中式控制分布式管理。

2. 关键技术

（1）环境信息采集装置

环境信息采集装置采用模块化传感器配置，针对不同巡检需求搭配不同传感器模块，传感器模块由一系列检测元件及相应的隔离、滤波电路组成，能够实时监测机器人所在位置区域的空气物理指标和化学组成，监测项目包括：环境温度、湿度、气体浓度（O_2、CO_2、CO、可燃气体等）、声音、振动等。

环境信息采集模块设计根据不同监测需求配置不同传感器，环境监测系统设计具有以下主要特点：

① 安装接口标准化，便于增强元件的替换和维护；

② 元件防护等级为 IP65，适应现场工况。

（2）视频及红外热成像监控

智能巡检机器人通过搭载的红外摄像头对全区域设备进行整体扫描式温度采集，综合运用可见光视频监控和红外热成像监控的特点，实现对设备的"内外检查"。设备的热图像和可见光图像不同，当巡检机器人在带式输送机沿线附近运行时，通过红外热成像摄像头可以直观反馈设备发热情况，结合数据分析实现对滚筒、托辊、电动机等设备的监测，也能够发现自燃煤炭，防止温度过高烧损输送皮带，起到及时预警作用。还可通过与消防喷淋系统联动，直接进行降温、防火和灭火。红外热成像检测如图 5-4 所示。

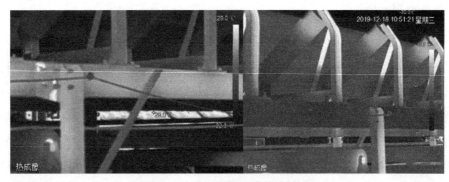

图 5-4　输煤皮带线热成像检测

红外热成像仪是通过非接触探测红外能量（热量），并将其转换为电信号，进而在显示器上生成热图像和温度值，并可以对温度值进行计算的一种检测设备。

红外热成像仪能够将探测到的热量精确量化，不仅能够观察热图像，还能够对发热的故障区域进行准确识别和严格分析。

根据以往经验总结每类设备可能发生缺陷的关键测温点，并在机器人客户端设定相应的测温点位。机器人可以自动对设备进行多方位、多角度的检测诊断，同时针对同一设备,每次都可确保在位置、角度、配置参数方面的高度一致性,结果可对比性强。系统可自动保存测温数据,形成历史分析曲线和多样化的分析报表,便于运维人员进行诊断决策。

(3)无线通信技术

在日常的巡检过程中,智能巡检机器人需要实时将现场信息上传至远程监控系统。因此,机器人与远程监控系统之间需要建立稳定可靠的通信连接。目前成熟稳定的无线通信技术包括移动通信技术(4G、5G)、无线局域网技术(WLAN)、超宽带无线接入技术(UWB)、短距离无线通信技术(蓝牙、RFID、NFC)等。

1)4G技术

中国4G网络商用成熟,系全球规模最大的4G网络。4G技术集3G与WLAN于一体,最大的数据传输速率超过100Mbps,能够高速、高质量地传输数据、视频、图像等信息。

2)5G技术

5G技术在国内已开始商用推广,网络理论速率最高可达10Gbps,延时低于10ms,具有超高速率、超大带宽、超低时延、超多链接的特点。

3)WLAN

WLAN基于IEEE 802.11标准协议的无线局域网,其主要的标准协议有IEEE 802.11a、IEEE 802.11b、IEEE 802.11g、IEEE 802.11n、IEEE 802.1ac,运行频率包括2.4GHz、5GHz,直线通信距离500m,可以实现几十至几百兆的无线接入,WLAN形式灵活、拥有极高的可扩展性、易于安装与维护,正在被广泛地使用。

4)蓝牙4.0

蓝牙4.0是一种支持设备间短距离通信的无线电技术,支持点对点、点对多通信,其工作频率为2.4GHz,传输速率为1Mbps,通信距离为100m内。蓝牙技术在不断发展,目前推出的蓝牙5.0技术,其传输速率达到2Mbps,通信距离为400m。

5)ZigBee

ZigBee是一种近距离(50~300m)、低复杂度、低功耗、低数据速率(250kps)、低成本的双向无线通信技术,其工作频率为2.4GHz,主要适用于对实时性要求不高的自动控制与远程控制领域。

无线通信技术对比见表5-1。

无线通信技术对比　　　　　　　　　　表5-1

通信技术	最大传输距离	速度	功耗
4G技术	依赖基站	100Mbps	受芯片影响

续表

通信技术	最大传输距离	速度	功耗
5G 技术	依赖基站	10Gbps	受芯片影响
WLAN	500m	300Mbps	10～50mA
蓝牙	100m	1Mbps	20mA
ZigBee	300m	250kps	5mA

智能巡检机器人执行巡检任务时，需要传输的信息量大，实时性高。蓝牙与 ZigBee 的无线通信方式传输速率低、传输距离短，不适合。散货码头区域具有占地面积大，建筑物、构筑物多的特点，4G 网络的信号覆盖能满足本系统使用要求，但巡检机器人需要实时传输视频和红外图像，4G 网络不能保证对视频和红外图像的品质、实时性需求，5G 网络的特性可满足系统高带宽、低延时的使用需求；但应用 4G 或 5G 无线通信方式，需要架设多套运营商基站，同时后续运行费用较高。在散货码头区域组建 WLAN 无线局域网，可以满足机器人与远程操控系统的通信要求，而且后期的扩展灵活，维护成本低，其缺点是带宽小，会限制视频及红外图像的品质和实时性。

智能巡检机器人通信系统采用 5G 无线数据网络传输技术，通过在现场布设若干个无线 AP 实现运行区域内无线网络的无缝覆盖。机器人本体控制系统和音视频系统连接到无线网络中，后台监控系统通过有线网络连接到局域网络中。

无线通信系统设计应具有以下特点：

①无线 AP 信号设置重叠区，确保网络无盲区覆盖；

②机器人所有的控制信号、视频、音频数据、现场传感器采集数据及报警信息均通过无线网络传输。

（4）智能机器人管理平台

智能机器人管理平台用于远程监控巡检机器人，具有远程状态监控、视频界面显示、热成像界面显示、作业指令制定、远程手动控制等功能。同时智能机器人管理平台还可作为带式输送机智能化巡视系统平台的子模块，参与到带式输送机整体智能化巡视中。

智能机器人管理平台采用 C/S 和 B/S 的双端网络架构，基于 C/S 模式实现本地高速历史数据共享，基于 B/S 模式实现 Web 数据浏览与巡检机器人管控。

智能机器人管理平台具备接口扩展能力，提供与带式输送机智能化巡视系统平台、数字化运维管理系统等的接口，通过软件平台实现对智能巡检机器人的远程控制。智能机器人管理平台提供 Web 页面访问，可实现视频查看、运动控制、数据采集、巡检模式切换等功能。

3. 存在问题

（1）运动轨迹规划

散货码头带式输送机线路一般都比较复杂，设备布置环境差异较大，既有地面形式，也有架空形式，且沿线又与移动单机、消防、维修等设备存在结合和交叉，巡检机器人巡检轨迹规划较为困难。同时，受带式输送机系统转运点、栈桥衔接关系制约，巡检机器人不具备连续运行条件。

（2）全面覆盖性

散货码头带式输送机分布范围主要包含堆场区（以地面基础为主）、栈桥区（主要为高架栈桥形式）、码头区（主要为高架栈桥形式），每个区域沿线特点不同，机器人对应监测设备不能实现"视觉"全覆盖。同时带式输送机驱动站是重点监控部位，其位置较带式输送机沿线相对独立，不宜进行智能巡检机器人的巡检轨迹规划。

（3）投入和管理

受巡检机器人运动轨迹和巡检覆盖区域设置的影响，巡检机器人的投入数量也将有所不同。同时巡检机器人需要专业技术人员进行维护。

因此，目前科学合理的方式是采用固定巡检和机器人巡检相结合，机房内、驱动部位等不易到达的地方采用固定巡检技术，具备条件的带式输送机沿线采用机器人巡检，通过两种方式的结合应用，实现散货码头巡检点位的全覆盖。

散货码头带式输送机系统智能化巡检需要经过从局部无人巡检、重点部位无人巡检，再到全域无人巡检，逐步完善渐进，还需要更进一步技术迭代和相应的管理融合，才能逐步实现无人巡检。

第三节　港口设备健康监测及寿命预测技术

一、研发背景

（一）国内外发展情况

自进入 21 世纪以来，我国在港口建设方面一直保持着快速且稳定发展的态势，同时也促进着港口设备技术水平不断提高，目前我国沿海主要大型专业化码头装卸设备总体上已达到世界先进水平。中国制造的港口设备已稳步进入世界，在全球港口机械市场上占据重要地位。

我国港口建设最早从 20 世纪 70 年代港口大建设开始，历经 50 多年发展，港口建设成熟度和港口吞吐量已经排在世界前列。随着我国经济发展从粗放型增长向集约型增长的转变，港口设备的发展也发生了相应变化，大规模建设投资已经完成，港口设备聚焦升级改造、智能化和节能环保高质量发展。

如何科学地对港口机械设备进行监测和管理成为我国港口发展转型关键的一环。同时出于对成本与节能环保方面的考虑，港口设备的改造与更新更集中于即将到达使用寿命的设备，并且加上我国大多数港口设备投入和运行时间不同，生产作业负荷率不同，对于港口设备的寿命评估和健康检测需要进行更深一步的研究。港口设备的寿命评估和健康检测不仅对港口设备的改造升级有重要意义，更有利于对港口设备后续使用和更新的经济性评估，对其安全性和可靠性也有着十分重要的作用。

港口生产运行过程中，大型港口机械因为金属结构的失效造成的倾覆和损毁时常发生，往往产生重大人员和经济损失，以及严重的社会影响。

国外有关专家已经针对大型起重机等工程机械的健康监测作了相关研究：Hale 开展了起重机金属结构疲劳裂纹监测的研究工作；Lee 等人研究了由循环载荷引起的低碳钢板疲劳裂纹扩展的监测问题，通过试验证明了通过检测裂纹附近的刚度变化能够可靠监测钢结构疲劳裂纹的扩展；Ichinose 等人也通过与 Lee 类似的方法研究了由循环载荷引起的钢结构破坏的应力监测问题。日本安川公司开发的起重机监控系统（Crane Monitoring System，CMS），应用智能传感技术，实时采集起重机作业现场相关数据，通过无线通信技术及计算机控制技术，远程监控装卸机械设备，并同步实现远程故障诊断；日本住友公司研发的起重机监控系统，实现了对起重机金属结构应力实时监测，并通过高速交换路由技术，实现了其自有品牌产品的全球实时在线健康监测。

目前国家自然科学基金、"十二五"科技支撑基金资助了一些高校和科研院所从事机械健康监测领域的研究，并取得了一系列可观的研究和应用成果。

研究资料表明，开展监测与诊断工作所取得的经济效益非常显著：日本在采用诊断技术之后，事故率减少了 75%，维修费用降低了 25%～50%；英国两千多个开展了监测诊断工作的大型企业每年节省维修费用数亿英镑；在我国，推广监测与诊断技术，每年可减少事故 50%～70%，节约维修费用 10%～30%。专家分析，开展监测与诊断技术工作的投入产出比约为 1∶17，在保障安全生产的同时，可以取得巨大的经济效益。

（二）系统功能

港口机械设备健康状态智能远程监控系统可以实时监测港口机械设备的健康状态，并通过数据分析，对港口机械设备的使用寿命进行预测，提升对大型机械设备的现代化管理水平，降低维修成本，保证生产设备安全可靠运行。系统通过局域网络和无线通信网络，利用各种传感器获取港口大型设备的各种运行参数，结合对机械设备某些结构的应力监测，对监测数据进行分析处理，实现对港口机械设备健康状态的监测。根据监测数据合理安排检修和维护，进行事前维护；发生故障时实时报警，通过监测数据分析故障原因，辅助工程师维护；分析机械设备的各种数据，预测使用寿命，提前作出相应决策，避免相关问题的发生。结合港口设备运维经验数据，分析影响机械设备健康状态及寿命的因素，不断完善数学模型，提高寿命预测系统的准确性。

二、技术综述

港口机械设备的使用寿命在很大程度上取决于金属结构的寿命，故金属结构的安全性是整机可靠运行的重要基础。以现有项目上的大型机械设备为依托，针对港口机械设备的工作状态和非工作状态进行有限分析，确定港口机械设备关键部位，制定相应的监测方案，对港口机械设备的关键部位的应力、应变、挠度等多项参数进行实时监测。以实时监测数据为分析基础，采用断裂力学疲劳裂纹扩展理论、雨流计数载荷谱编制法和 Miner 疲劳累积损伤理论，建立港口机械设备金属结构使用寿命预测模型。

（一）健康水平评价、剩余寿命预估

采用断裂力学疲劳裂纹扩展理论和 Miner 疲劳累积损伤理论进行对港口机械设备金属结构的健康水平评价及剩余寿命预估。检查或假定初始裂纹尺寸，确定 Paris 模型的材料参数和临界裂纹长度，根据等寿命原则，采用 Miner 应力幅等效法估算裂纹扩展寿命，确定下次检修周期或判断是否能够满足设计使用寿命要求。

（二）结构强度分析，确定应力监测点

以港口机械设备的某一种机型作为研究对象，采用有限元法建立港口机械设备金属结构的有限元模型，对港口机械设备的结构进行强度分析，确定结构的高应力区域，即容易发生损坏的部位，在这些部位重点监测，记录应力信息。

（三）动态应力检测

根据港口机械设备关键部位监测方案，结合现场需求和实际问题，在港口机械设备合适位置安装监测传感器，对监测点的使用状态进行实时监测。

（四）数据处理、编制应力谱

用雨流计数法对采集信号进行处理，获得工作状态下的应力循环情况，确定结构应力谱。查询制造材料的机械性能和疲劳寿命曲线、制造工艺流程、结构特点，确定港口机械设备构件的疲劳寿命曲线。

(五)数据修正、生成算法

根据公司在港口系统中多年的项目经验,考虑港口工况、环境变化、金属腐蚀、历史损伤积累等因素,对估算的金属结构剩余寿命结果进行修正,不断精确结果,最终形成算法,得出寿命预测评估结论。

(六)港口机械设备健康状态智能监测系统实际应用

港口机械设备健康状态智能监测系统主要由传感器、数据采集模块、数据处理模块三部分组成。

三、实施方案

(一)机械设备有限元分析

针对不同类型、不同工况下的港口机械设备进行调研分析,实地考察港口机械设备应用情况,对主体结构出现损伤和破坏的情况进行统计,搭建港口机械设备的有限元模型,针对模型进行网格划分、添加约束和荷载及进行有限分析参数设定等工作,进行有限元分析计算,之后统计分析有限元计算结果,确定主体结构的高应力区域。港口设备主体结构有限元分析如图5-5所示。

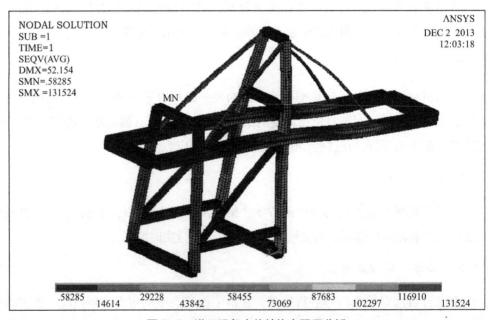

图5-5 港口设备主体结构有限元分析

(二)监测点布置及主要监测内容

根据有限元分析结果,制定监测方案,即确定设备上的监测点,并布置相应监测设备。金属结构监测主要包括:整机钢结构动态刚度监评(整机晃动位移和频率);门架、悬臂等系统的相对扭振(角度)监评;金属结构的动载强度与动载刚度监评,如拉杆的强度与刚度等。港口设备主体结构有限元分析点位如图5-6所示。

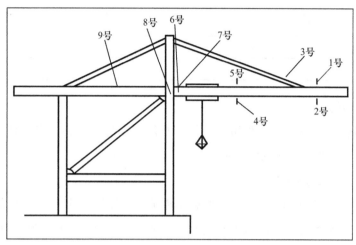

图5-6 港口设备主体结构有限元分析点位

(三)数据采集

1. 传感器

(1)振动加速度传感器

选用满足现场复杂环境测点安装的传感器。传感器应能适应各种严苛的恶劣工况环境,可以分别对轴向、径向等测点的振动、温度进行监测。

低频传感器详细参数要求见表5-2。

低频传感器详细参数　　表5-2

参数	指标
灵敏度(±5%)	500mv/g
量程	±10g
非线性度	1%
频率范围(±3dB)	0.1~20kHz
安装谐振频率	24kHz
横向灵敏度	<5%

三轴加速度传感器详细参数要求见表 5-3。

三轴加速度传感器详细参数　　　　　　表 5-3

参数	指标
灵敏度（±5%）	5.0mv/g
量程	±1000g pk
非线性度	1%
频率范围（YZ 轴）	2～8kHz
频率范围（YZ 轴）	2～5kHz
横向灵敏度	<5%

（2）应力传感器

选用高精度电阻应变计作为敏感元件，与静态、静动态和动态应变数据采集系统连接，即可获得被测试结构的应变值。

（3）双轴倾角传感器

双轴倾角仪具备高精度 24bit A/D 差分转换器，保证输出电压信号的直线性，集成高分辨率温度传感器，进行二次温度补偿，全温零点温漂可控制在 0.0008°/℃以内，常温小量程最高精度在 0.002°以内。

（4）接触式温度监测

进行接触式温度监测时较为常用的有热膨胀式温度计、电阻式温度计、热电偶温度计等。

（5）非接触式温度监测

进行接触式测温时需要有同温过程，并且由于与测温元件的接触易造成热量导出，从而造成误差，因此接触式测温在某些场合并不适用。近年来随着热敏元件以及激光测温技术的发展，非接触式测温得到了飞速发展，同时因为它不会破坏被测物的温度场，所以适用于不适宜接触式测温的场合。

2. 信号采集模块

采用一个 8 通道采集模块，接收来自振动加速度传感器、应力传感器和倾角传感器等的信号。通过对这些信号的处理，可以完成不同类型的振动、应力、温度和倾角测量，并将处理的信号与用户编程的报警值进行比较。

3. 瞬态数据处理模块

瞬态数据处理模块可与系统内所有监视器进行通信，并通过以太网与数据服务器进行数据通信，形成设备智能感知与管控平台系统的边缘计算模块。

(四)故障诊断

故障诊断是针对已经发生的各种故障而言的,首先要找出故障特征,并作出正确的定位,分析故障程度,最后进行诊断。

(五)故障预报

故障预报是预测设备可能出现的各种故障,要预测故障发生的时间、位置及程度。

利用多种传感技术和信息融合处理技术诊断某种故障不同的故障表象。基于特征空间矢量的故障诊断方法,对故障表象和故障误差进行学习,实时修正故障特征量。

综合系统设备的固有特性以及在线监测状态信息量和模糊理论中的最大隶属度原则诊断故障原因,判断故障类型。

第四节 管线空间管理系统

一、技术背景

多数港口的散货码头是分阶段分期建成的,由于技术、管理等因素影响,港区内的综合管线系统,包括地下结构,水、暖、电管线等,存在着区域化、碎片化、精准度低、更新不及时等不足和局限性,因此在港区扩建、提能改造、智能化升级、日常运行维护等过程中存在潜在风险,影响散货码头整体的安全运营和规划发展。

提升港区管网的管理质量和效率,建立精确的港区可视管线空间体系,增强对港区管网信息的了解和地下空间的分析能力,提升管网安全性和运行效率已经成为港区的迫切需求。

二、系统介绍

(一)系统概况

管线空间管理系统是一套基于二维、三维一体化的 Web+GIS 框架搭建的智慧化、可视化综合管网信息管理系统。系统通过对管网数据三维数字化仿真建模,打通现场数据采集、后端数据存储及终端数据应用流程,实现管网数据的可视化、精细化、智慧化管理,并在此基础上集成各类 GIS 空间分析算法和决策支持算法,为管网的维护、规划、保养、检修等工作提供辅助决策工具,实现综合管网基本信息管理、巡检维养护管理、智能分析管理、统计报表管理等业务过程的可视化、数字化和智能化,从而提高管网设施管理和运行监测管理的效率。

（二）系统功能

管线空间管理系统主要是对港区的综合管网、设备进行建模和监控，为管网权属单位和运维单位提供服务，实现管网设施数字化管理。借助此系统，管理部门能够方便快捷地查询、定位管网设备设施，轻松实现对日益复杂的管网设施各种资料的系统化管理。管线管理系统对现有管网设施进行全面数字化建模，并基于 GIS 技术形成管网数据"一张图"管理，还可实现管网模拟分析、资产管理等应用扩展。

管网空间综合管理系统以港区综合管线数据为基础创建 BIM 模型，搭载运维实时数据，结合 GIS 技术和物联网技术，直观进行可视化的三维空间分析管理和设备管网状态评估。为运维及权属部门改扩建规划提供准确的数据服务，支持现场开挖、测量定位、改造施工等方案模拟，服务港口升级改造、资产管理，为港区管网安全、高效运行提供保障，是港区智慧建设、智慧管理的基础。

主要功能包括可视化管理、信息管理、运维/应急管理、系统管理等。各模块主要功能见表 5-4。

管网综合管理系统功能列表　　　　　　　　　　　表 5-4

类型	功能需求	功能描述
可视化管理	三维交互浏览	支持三维模型的平移、旋转、放缩等三维视角查看
	虚拟漫游	支持自定义路径以第一或第三视角进行虚拟漫游
	图层管理	支持对构件及类别的选取，进行显示、隐藏、定位控制
	空间分析	支持在三维模型中进行指定构件间的距离、角度、高程测量分析，具备剖、切功能
信息管理	模型信息	支持对模型几何信息与非几何信息的查看及更新
	运维信息	支持对运维过程中的巡检、故障报警、维修等各类活动进行填报与查询
	人员信息	人员信息的检索查看
	快速搜索	支持权限范围内所有信息进行快速检索
	信息分析	支持对模型、人员、运维各类活动等进行统计并生成可自定义的图、表
运维/应急管理	状态历史	支持各构件的历史信息查询，支持各监控构件信息的运行状态、历史信息记录与查询
	故障点定位	支持故障点自动报警及定位显示
	日常活动流程	支持系统日常巡查、保修维修等工作发起、审批与闭环管理
	大修活动流程	支持系统大修等工作发起、审批与闭环管理
	日常活动记录	支持所有日常运维活动记录与存档
	控制点定位	支持显示系统各控制点的定位显示

续表

类型	功能需求	功能描述
运维/应急管理	流向分析	支持进行系统的流向分析，为改造、扩建提供最优的路径方案
	流量、压力分析	支持进行各系统流量、压力的统计分析，以判断系统是否有泄漏、破损等
	水量分析	支持各用户端的用水量自动统计、各储水池实时水量监测统计及用户端用水需求计划输入
	气象信息同步	支持气象数据的实时同步，根据气象预测，为港区及时应对提供建议
	调度建议	支持根据未来一周气象数据、储水情况、用水情况进行自动平衡性分析，提供分析建议
系统管理	界面管理	支持对系统主界面进行调整
	人员管理	支持对系统人员进行录入、删除及权限管理

三、系统特点

（一）功能特点

1. 3D GIS 一张图支撑

引入 3D GIS 技术实现管网及附属设备设施基础资料的有效管理。包括基础地理资料、管网设计与规划资料、竣工资料等；实现管网设施运营过程数据的一体化一张图管理、检索查询、可视化表达与综合分析统计，实时呈现管网动态。

2. 日常管理业务支持

包括日常巡检、管道维护保养故障报警和预测等。

3. GIS+IoT

建设安装一整套监测系统，实现对管网系统的实时监测，并建立与智能设备的上下行通信接口，实现对诸如泵站等关键设备的远程联动控制。

4. 内嵌 GIS 空间分析模块

通过叠加不同的地理数据，对管网数据进行空间分析和模拟预测。从不同维度显示管网时空分布特征和事件演变趋势。如拓扑分析、断面分析、连通性分析、路径分析、淹没分析等。从而为排水抢险、调度管理等工作提供决策依据。

（二）架构特点

系统采用三层体系结构，系统逻辑结构如图 5-7 所示。

数据层：采用关系型数据库，实现各类数据的高效存储和管理。

逻辑层：采用 WebGIS 框架和 MySQL 数据库系统，通过空间属性数据引擎，实现空间数据系统业务逻辑建立。

表现层：采用排水管网及污染源信息管理系统，满足相关部门对排水管线及污染源管理的要求。

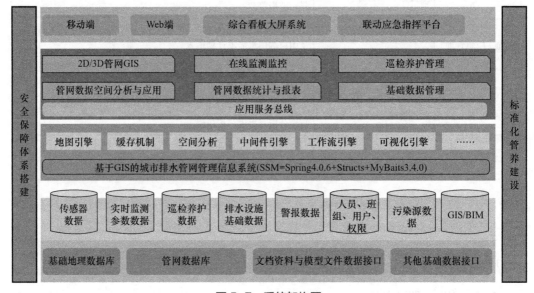

图 5-7　系统架构图

第五节　数字化运维管理平台

一、数字化运维管理平台系统介绍

数字化运维管理平台用于实现运维业务的数字化、智能化、透明化管理功能，建立标准化业务流程，提高运维工作效率，通过实时监控了解设备的状态信息，能够第一时间对设备进行维护。同时还具备备件库存监管、设备性能分析以及基于大数据的设备使用状况分析等功能，主要包括设备信息分类基础模块、维修保养模块、库存管理模块、知识管理模块、人员管理模块、信息存储模块、数据分析模块、流程管理模块、物资管理模块等功能模块。

二、特性与使用

（一）平台特性

1. 以云服务为基础

港口数字化运维管理平台服务端在云平台搭建，用户可随时随地查阅生产情况、作业情况、内业资料等，同时平台还以站内消息的形式推送，为运维服务提供高效的信息传达渠道。不同运维项目可以通过平台将安全体系、技术、质量等需要定期检查的资料上传至云数据库，供归口部门远程检查，提高工作效率，还可杜绝信息迟报、漏报等情况的发生。

2. 人员管理与配置

运维人员管理业务有着人员基数大、事务庞杂等特点。数字化运维管理平台人员管理模块可对个人信息、持证信息、出勤信息、个人信用等进行统计，便于人事管理。

3. 实时监测，故障预警

带式输送机智能化巡视系统内嵌于数字化运维管理平台中，实时监测设备状态。同时根据作业量、使用时间、维修周期等信息测算设备健康状态，当设备接近使用临界值后自动进行预警，提醒工作人员对设备进行保养或检修。通过消息提醒功能发布工单信息，由专业人员实地确认设备状态，减少巡检工作人员的投入，变被动抢修为主动维护，降低设备在线故障率。

4. 跟踪溯源，闭环管理

港口数字化运维平台将传统运维业务进行分析和整合，以信息化的手段将整个运维流程进行梳理，实现运维业务的闭环管理与历史追踪。将工单与库存联动，实现备品备件出入库、易耗品数据管理、更换部件去向、损坏部件记录与追溯等功能，形成备品备件及低值易耗品的闭环管理。

5. 知识分享，经验传承

知识管理功能实现相关技术文档及维修经验的储存、分享和传承，分门别类对各专业的资料进行收集整理，经审核后归档。工单设计标准化，规范对人机料投入使用、设备故障表象和原因、处理方案等关键因素的描述，依据工单进行维修经验积累，当出现类似故障时，根据维修内容自动推送维修处理方案和相关知识文档，实现快速故障处理。搜索功能方便技术人员查找所需资料，包括规范标准、方案和作业书等的知识资料库动态更新扩充，不断丰富技术积累。

6. 收集数据，奠定基础

结合大数据技术，平台作为数据收集的载体，将各运维项目每天大量的运行、维护记录进行整理并归档，在辅助现场工作的同时，为后期大数据分析奠定基础。

（二）运维业务流程

数字化运维管理平台基于多个子模块之间的功能联动，形成一套完整可靠的运维业务流程管理。以项目为单位，设备管理为基础，建立设备维护数学模型，通过作业量更新和维护记录对设备运行状态进行预测。根据增加的作业量计算设备的损耗度，动态调整设备剩余寿命，当剩余寿命达到需要维护保养的临界值时，平台通过消息模块将预警信息推送至相关人员，由工作人员进行现场设备状态确认，确认设备需要维护后进行作业工单的录入，在工单录入模块中可以查阅相关维护手册、调拨检修人员、调用备品备件等资源，工单作业结束后，自动更新设备使用寿命。工单产生的相关维护过程记录保存到知识库中作为未来相同预警信息的参考维修方案。如果维护工单中涉及更换备品备件，可以选择被更换的备品备件是直接报废还是返厂维修，如果设备具有维修价值，经过返厂维修后，可再次进入库存备用。具体运维业务流程如图5-8所示。

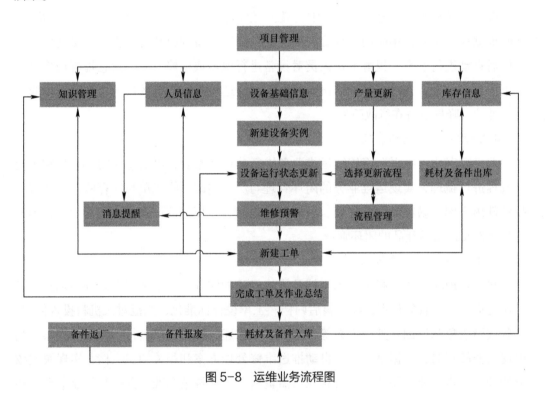

图 5-8 运维业务流程图

三、平台描述

（一）系统硬件设计

平台结合港口运维业务分散的特点，采用星型拓扑网络结构，设置数据服务器与 Web 服务器。网络系统支持二级管理应用，即运维公司—各地运维项目部二级管理的模式，两者之间通过以太网进行数据交互。鉴于网络安全问题，系统主交换机采用网管型交换机并设置 VPN 端口，各港口业务部门通过专属 VPN 端口访问系统平台。

（二）系统软件设计

软件系统采用了 LAMP 环境进行开发，基于 Linux+Apache+MySQL+PHP 架构进行搭建，以 Linux 系统作为服务端的基础操作系统，架设 Apache Web 网络服务，采用 MySQL 数据库，系统后台功能设计以 PHP 作为基础编程语言，前端交互层采用界面美观的 Layui，支持网页模式浏览，通用性强。该软件系统具有部署及维护成本低、扩展性强的特点。

（三）功能设计

数字化运维管理平台以设备运维服务为基础，主要包括人员管理、设备管理、设备维修保养管理、知识管理等模块。将管辖范围内的各港口的生产运行维护以信息化手段进行整合管理。

1. 被动维修变主动维护

运维人员可通过系统平台掌握设备运行状态、故障状态和性能分析，通过状态数据判断设备是否需要维修，变被动维修为主动维护。

2. 利用大数据进行数据挖掘和数据分析

系统平台长时间收集设备运行状态数据和运维单据数据，并通过运用云计算和大数据挖掘技术，对收集数据进行计算、分析并生成与运维业务息息相关的报表。如计算具有规律性的设备维修周期，提前预警设备维修信息，自动进行设备状态变更推送。

第六节　基于 BIM 的维修工法标准化

工法是指以工程为对象、工艺为核心，运用系统工程的原理，将先进技术与科学结合起来，经过工程实践形成的综合配套技术的施工方法。

散货码头工艺系统设备主要包括装卸设备、带式输送机输送系统及其附属设备、供电照明系统设备、控制系统设备、给水排水与暖通系统设备等。专业分类多，设备数量多，生产连续性和稳定性要求高，因此构建散货码头工艺设备工法标准体系，对提高设备的维修质量和维修效率，服务码头生产作业有重要的价值意义。

一、技术路线

港口维修工法体系构建包含轨道式装卸设备、旋转式翻车设备、输送设备、供电系统设备、控制系统设备、给水排水系统设备、消防系统设备和环保系统设备等设备大类。针对每类系统对应设备的特点，编制相应的维修工艺，利用 BIM 技术可视化、参数化、仿真性和信息完备性等特点，结合水运工程设备安装及维修实际经验和技术水平，创建标准化、信息化、可视化的维修工法，用于维修作业人员培训、技术交底和现场维修指导。

（一）工序级 BIM 模型创建

以《煤炭码头设备维修标准化手册》为基础，确定各类设备模型的几何信息和非几何信息细度，确保模型的细度能够匹配设备维修过程中的每一道工序，形成工序级设备维修模型。

（二）标准工艺动画库创建

在煤炭码头工序级设备维修 BIM 模型的基础上，将模型导入到动画制作软件中，按照维修工序流程制作仿真动画，围绕煤炭码头装卸设备，分专业和系统制作相关工艺演示动画，形成具有实际指导意义的设备维修工序演示动画。

（三）维修作业指导

将设备维修 BIM 模型和工艺演示动画与相关标准、安装方案、安全防护要求等结合，形成基于 BIM 技术的标准化设备维修作业知识系统，当现场设备出现故障时，为维修班组提供匹配的维修工艺动画及相关方案、标准，快速形成有效的作业指导，提高运维效率和质量。

二、模型搭建及动画制作

（一）模型搭建

1. 建模环境

根据煤炭码头设备特点，选择合适的建模软件进行模型创建，同时根据建模软件的硬件要求，选配合适的工作电脑。

2. 模型标准

根据设备图纸及工艺维修方案，对模型精细度、信息深度和视图表达等进行约定，形成《设备维修 BIM 模型建模标准》。依据建模标准搭建设备维修 BIM 模型。对于模型的精细度，要依据维修工序，梳理涉及的每个部件、零件，以满足维修工序要求为原则，模型细度达到相应的部件级或零件级。对模型颜色、参数化要求及视图表达要求等内容进行详细规定和总结。同时对设备模型中应包含的设备信息进行输入和统计，如品牌信息、出厂日期、安装日期、设备功率、设备型号等，形成设备模型信息表。

3. 模型创建

严格按照建模标准进行模型创建、编辑和修改，根据设备零部件之间的逻辑关系，按所选软件的操作要求进行规范操作，严格定义约束条件和参数化关系，做到规范建模和标准建模。典型设备模型如图 5-9 所示。

图 5-9　典型设备模型图

（二）动画制作

1. 编制剧本

组织维修人员和 BIM 技术人员对需要维修的设备进行研讨和分析，确定具体的维修内容和工序，根据现行技术规范，梳理出每道工序的工作要点和质量标准。围绕每道工序选配适合的维修机械及工器具，并预先分析出维修机械的具体动作和工器具的使用方法。最后将维修工艺方案分解、转化成动画制作所需的剧本。

2. 前期制作

前期制作的工作包括根据维修动画剧本进行分镜头剧本、造型和场景的设计，前期制作主要是围绕实现动画制作目标和预期效果进行有效沟通，通过讨论确定动画的整体风格及需要展现的要点。

3. 模型导入

将搭建的 BIM 模型导入到动画制作软件，同时对于模型未能体现的细节进行补充、完善。

4. 材质贴图

为模型设计灯光，根据摄影机动画设定好的方向进行细部调节。

5. 动画设置及渲染

设定主要画面第一帧及最后一帧为关键帧，关键帧之间的过渡由计算机完成，然后根据场景的设置，赋予物体的材质、贴图和灯光，通过渲染器进行渲染。

6. 剪辑输出

用后期制作软件进行修改和调整后，将分镜头的动画按顺序加入，进行转场的设计，同时配置解说、必要的文字说明和背景音乐，剪辑工作完成后输出通用的视频格式文件。

三、典型维修工法

结合煤炭码头运行维护的工作实际，选择日常维修概率较大、质量标准要求较高的典型维修工法进行展示，包括带式输送机硫化工艺、驱动装置装配工艺、滚筒维修工艺等。

（一）钢丝绳芯皮带硫化工艺

1. 工艺流程

划线→裁剥→打毛→接头阶梯配合→涂胶→贴合→硫化→起模、修整皮带。

2. BIM 动画

皮带硫化工艺动画展示如图 5-10 所示。

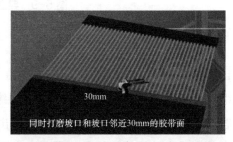

图 5-10　皮带硫化工艺动画展示图

（二）驱动装置装配工艺

1. 工艺流程

驱动底座调整→电动机安装调整→减速机安装调整→耦合器安装调整→制动器安

装调整→整体同轴度调整→耦合器喷油检测装置安装。

2. BIM 动画

驱动装置装配工艺动画展示如图 5-11 所示。

 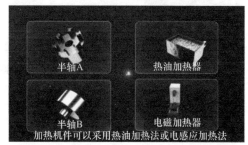

图 5-11 驱动装置装配工艺动画展示图

（三）滚筒维修工艺

1. 工艺流程

张紧释放→滚筒拆除→轴承座及轴承维修→重新包胶→滚筒重新装配→滚筒就位→加注润滑油→张紧装置重新拉紧。

2. BIM 动画

驱滚筒维修工艺动画展示如图 5-12 所示。

图 5-12 驱滚筒维修工艺动画展示图（一）

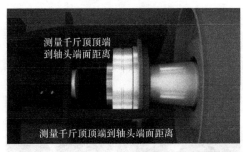 

图 5-12　驱滚筒维修工艺动画展示图（二）

参 考 文 献

［1］ 中国港口协会. 中国港口年鉴2020［M］. 上海：中国港口杂志社，2020.

［2］ 中华人民共和国交通运输部. 全国沿海港口布局规划［EB/OL］.［2006-09-12］http://xxgk.mot.gov.cn/2020/jigou/zhghs/202006/t20200630_3320031.html.

［3］ 中华人民共和国交通运输部. 全国内河航道与港口布局［EB/OL］.［2007-06-22］http://xxgk.mot.gov.cn/2020/jigou/zhghs/202006/t20200630_3320034.html.

［4］ 侯玉梅，刘净利. 我国煤炭港口运输现状分析［J］. 企业导报，2011（15）：106.

［5］ 贾大山. 世界一流港口发展认识［J］. 中国港口，2019（11）：11-17.

［6］ 中华人民共和国交通运输部. 关于建设世界一流港口的指导意见［EB/OL］.［2019-11-06］http://www.zj.msa.gov.cn/ZJ/zwgk/gkml/flfg/201911/t20191127_588012.html.

［7］ 李国一，魏燕杰. 港口水资源循环综合利用技术［M］. 天津：天津大学出版社，2016.

［8］ 王廷才. 变频器原理及应用［M］. 北京：机械工业出版社，2017.

［9］ 毕大强，郶克存，戴瑜兴. 船舶岸电技术［M］. 北京：科学出版社，2015.

［10］ 中交第一航务工程勘察设计院有限公司. 海港工程设计手册：第二版［M］. 北京：人民交通出版社股份有限公司，2018.

［11］ 中华人民共和国交通运输部. 海港总体设计规范：JTS 165—2013［S］. 北京：人民交通出版社股份有限公司，2014：5.

［12］ 顾文杰. 调速型液力耦合器以及CST等装置在煤矿带式输送机上的应用分析［J］. 机械管理开发，2016（7）：30-31.